DISCOURS

SUR

LA COMÉDIE,

ET

VIE DE MOLIÈRE.

DISCOURS

SUR

LA COMÉDIE,

ET

VIE DE MOLIÈRE,

EXTRAITS DE L'ÉDITION

DES

ŒUVRES DE MOLIÈRE,

AVEC COMMENTAIRES.

PAR M. AUGER,

SECRÉTAIRE PERPÉTUEL DE L'ACADÉMIE FRANÇAISE.

PARIS.

IMPRIMERIE DE FIRMIN DIDOT,

RUE JACOB, N° 24.

MDCCCXXVII.

DISCOURS

PRÉLIMINAIRE.

P AR son principe et par son moyen, la comédie tient
à l'essence même de l'homme, qui est né malin et
imitateur. Le premier qui, frappé des vices ou des
ridicules d'autrui, imagina de les retracer, non par le
simple récit, mais par l'action et le discours direct, fit
la première des comédies. Il y a loin de là sans doute
au *Misanthrope* ou à *Tartuffe;* mais, quand un art
se fonde sur les passions et les facultés naturelles de
l'homme, son développement et sa perfection sont des
faits nécessaires qui n'ont besoin que des siècles pour
s'accomplir. Voilà peut-être tout ce qu'on peut dire
sur l'origine philosophique de la comédie.

Quant à son origine historique, nos connoissances
ne nous permettent pas de l'apercevoir avant l'époque
où Thespis promenoit dans les bourgs de l'Attique un
chariot chargé de vendangeurs barbouillés de lie, qui
chantoient des hymnes à Bacchus et adressoient des
injures aux passans. Ce chariot fut, dit-on, le berceau
commun de l'art de Racine et de celui de Molière;
mais la comédie naquit la dernière.

En tout, l'homme, avant de s'élever aux espèces et
aux genres, a dû ne connoître que des individus. La

première peinture fut sans doute un portrait : la première comédie fut une satire personnelle.

La comédie, même en ces grossiers commencemens, reçut sa direction de la forme du gouvernement et des mœurs de la nation ; et depuis on la vit toujours en suivre exactement les révolutions. Née dans une république turbulente et toute populaire, comme l'étoit alors Athènes, elle dut d'abord s'attaquer à ce qu'il y avoit de plus élevé ; elle se mit donc à insulter les magistrats, les généraux, les orateurs, les philosophes, tous ceux enfin qui attiroient les regards et excitoient l'envie par la supériorité du rang ou du mérite. Les acteurs portoient le nom, l'habit, le visage même des personnages qu'ils représentoient.

L'oligarchie ayant succédé à la démocratie pure, on défendit les noms propres, les vêtemens pareils et les masques ressemblans. Vaine précaution : on continuoit de jouer les individus ; et la malignité y trouvoit un plaisir de plus, celui de reconnoître et de nommer elle-même les gens dont on ne lui montroit pas les visages et dont on lui taisoit les noms.

Enfin, lorsque la bataille de Chéronée eut asservi la Grèce à la domination macédonienne, parut un nouvel édit qui, bannissant du théâtre toute imitation des faits réels et des personnes existantes, restreignit la comédie à l'imitation générale des mœurs. Ce fut alors la comédie telle que nous l'avons, telle qu'elle convient à un peuple vraiment policé, telle qu'elle convient au génie même : car les bornes que lui prescrivent les bienséances ne lui sont pas moins utiles que celles où les règles le contiennent; et il n'excelle tant à exprimer les choses qu'il peut dire, que parce qu'il ne lui est pas permis de dire tout ce qu'il veut. Ainsi, cette fois, la susceptibilité et l'intérêt propre des magistrats tournèrent à l'avantage de l'art, qu'ils poussèrent vers sa perfection, ne croyant que réprimer sa licence. Les mêmes causes n'ont pas toujours produit les mêmes effets.

Les historiens de la littérature désignent ces trois périodes, ces trois âges de la comédie grecque, par les noms de *comédie ancienne*, de *comédie moyenne* et de *comédie nouvelle*. Il ne nous reste de la première qu'Aristophane; nous ne possédons rien de la seconde; quelques fragmens de Ménandre et de Philémon sont tout ce qui nous a été conservé de la troisième [1].

Aristophane et Ménandre ont été souvent mis en regard et comparés.

Aristophane renferme, pour nous, toute la comédie ancienne, qu'on peut qualifier, quant au fond, de satire personnelle et politique, mise en action. Pour la forme, c'est l'allégorie extravagante, la caricature monstrueuse, la parodie burlesque, la bouffonnerie cynique, l'insulte aux hommes et aux dieux, l'absence de toute raison, de toute règle dans la conduite du drame; et tout cela mêlé des saillies de l'esprit le plus fin, des traits de la gaieté la plus franche, et des graces

---

[1] M. Raoul-Rochette, de l'Académie des Inscriptions et Belles-Lettres, a publié, en 1825, une traduction de ces Fragmens de Ménandre et de Philémon; traduction élégante et fidèle, que précède une Préface fort ingénieuse.

du langage le plus exquis. Aristophane a eu ses admirateurs et ses détracteurs outrés. Ceux-ci, jugeant,
d'après les idées de leur siècle, un Athénien de la
quatre-vingt-cinquième olympiade, qu'ils entendoient
quelquefois trop, et que plus souvent ils n'entendoient
pas assez, l'ont méprisé comme un vil bouffon, pour
qui ni la vertu, ni le génie n'étoient sacrés, et à qui de
temps en temps il échappoit quelque heureuse plaisanterie. Ceux-là, fiers de le comprendre mieux et de le
goûter davantage, croyant peut-être pénétrer plus avant
encore qu'ils ne font dans le secret de ses allusions et
de ses équivoques, et trop disposés à l'admiration ou à
l'indulgence pour ce qu'ils ont pris tant de peine à étudier, l'ont vanté comme un génie supérieur, un excellent citoyen, un sage même qui se travestissoit en
insensé pour corriger sa nation, en ayant l'air seulement de l'amuser. Ils n'ont eu raison qu'à moitié les
uns et les autres. On ne peut, ce semble, dire d'Aristophane ni trop de bien, ni trop de mal ; mais en dire
seulement du mal ou du bien, c'est tomber dans une
erreur égale, quoique contraire. On a maintes fois
comparé Aristophane et Rabelais. Nulle comparaison
n'est plus exacte en tous ses points ; et le jugement que
La Bruyère a porté du dernier, s'applique merveilleu-
sement à l'autre. « Où il est mauvais, il passe bien au-
« delà du pire ; c'est le charme de la canaille : où il
« est bon, il va jusqu'à l'exquis et à l'excellent ; il peut
« être le mets des plus délicats. »

Ménandre représente aussi à lui seul la comédie
nouvelle. Mais ses ouvrages ont disparu : il ne reste

que son nom, de courts fragmens où le moraliste et
l'écrivain se montrent plus que le poëte comique, les
comédies de Térence, d'après lesquelles, selon le jugement de César, nous ne pouvons nous faire qu'à demi
une idée de son génie, et les éloges que lui ont décer-
nés ceux des anciens qui ont joui de ses productions.
Ces éloges sont unanimes, absolus, sans mélange d'aucune critique. Nous ne pouvons ni les infirmer ni les
restreindre : nous devons croire qu'ils sont entièrement
mérités, et déplorer d'autant plus amèrement la perte
des chefs-d'œuvre qui les ont inspirés.

J'ai dit, en abrégé, tout ce que nous savons de la
comédie chez les Grecs ; j'emploierai moins de paroles
encore à dire ce qu'elle fut chez les Romains. A proprement parler, il n'existe pas de comédie latine : aussi
le peu que j'en dirai regardera plutôt la comédie grecque, dont elle n'est qu'un écho, et dont elle remplace
pour nous les monumens perdus. La comédie, comme
tous les autres arts, fut empruntée à la Grèce par les
maîtres du monde. Ce peuple si grave et son patriciat
si fier ne se seroient point accommodés des insolentes
bouffonneries de l'ancienne et même de la moyenne
comédie grecque. Nævius en acquit la preuve à ses dépens. Plaute et Térence furent des imitateurs, des
traducteurs de quelques comiques grecs de la troisième
époque. Les ouvrages de ces deux poëtes sont parvenus
jusqu'à nous : des autres, nous avons seulement les
noms et quelques vers mutilés, cités par des grammairiens qui, n'y cherchant que des mots, s'embarrassoient
peu que le sens fût complet.

Chez les Grecs et chez les Romains, la communauté de religion et la ressemblance des institutions politiques établissoient des rapports assez nombreux ; et, chez les deux peuples, l'état de la société étoit à peu près le même. Ce n'est pas uniquement pour cette raison sans doute que Plaute et Térence empruntèrent tous leurs sujets aux poëtes de l'Attique ou de la Sicile ; mais, du moins, leurs imitations n'avoient pas l'inconvénient d'offrir un spectacle entièrement étranger à ceux pour qui elles étoient destinées, et on ne peut nier que, sous des costumes grecs, elles ne présentassent des mœurs presque toutes romaines.

Chez les Grecs et chez les Romains, les femmes honnêtes vivoient retirées dans l'intérieur de leurs maisons, et les courtisanes seules avoient le privilége de fréquenter avec les hommes. Chez les Grecs et chez les Romains, le droit des gens consacrant l'affreux usage de réduire les prisonniers en servitude et de les vendre comme un vil bétail, la loi civile autorisoit l'esclavage domestique ; et il y avoit, dans chaque maison opulente, des esclaves, gouverneurs, précepteurs, et surtout corrupteurs de leurs jeunes maîtres, alternativement menacés du fouet ou de la mort même par les pères et par les fils, et ne pouvant presque jamais s'y soustraire qu'à force de les mériter. Enfin, il y avoit à Rome, de même qu'à Athènes, des fanfarons qui, revenant ou feignant de revenir des guerres lointaines, parloient des milliers d'hommes qu'ils avoient tués ou mis en fuite, et recevoient des coups de bâton de quiconque leur en vouloit donner ; il y avoit aussi des parasites de profession qui achetoient, au prix de viles flatteries et de complaisances plus viles encore, le droit de se remplir le ventre à la table des riches. Voilà pour les personnes et les mœurs.

Quant aux événemens ordinaires de la vie, ils ne se ressembloient pas moins à Rome et dans la Grèce. De la barbare coutume d'exposer les enfans, de la vente et de la dispersion des captifs, enfin de la piraterie qui infestoit toutes les mers et désoloit toutes les côtes, il résultoit que beaucoup de pères étoient enlevés à leurs enfans, et beaucoup d'enfans à leurs pères. Souvent, après une longue séparation, d'autres hasards les rapprochoient inopinément. Les changemens survenus et les divers liens formés pendant l'absence causoient, dans ces familles ainsi réunies, des surprises qui n'étoient pas toutes agréables, des embarras dont il étoit quelquefois difficile de sortir. Ces catastrophes domestiques fournissoient habituellement aux comiques grecs leurs nœuds, leurs péripéties et leurs dénouemens.

Malheureusement, un état de société d'où les femmes honnêtes étoient exclues, n'admettoit guère la peinture d'un amour délicat et respectueux : le seul qui pût se montrer dans le monde, et conséquemment sur le théâtre, eût mieux mérité le nom de débauche. Presque toujours des courtisanes en étoient l'objet; presque toujours il étoit poussé jusqu'aux dernières conséquences; et le dénouement n'étoit jamais plus décent que lorsque la prostituée se trouvoit être une fille de condition libre, digne de devenir l'épouse du fils de famille dont elle étoit la maîtresse. Tel étoit le

principal ou plutôt l'unique fondement de l'intérêt
dans les comédies grecques.

Le choix des personnages étoit encore plus borné.
Les acteurs obligés de ces intrigues de places publiques
et de mauvais lieux étoient, outre la courtisane et
son amant, le père du jeune homme, courroucé de ses
déportemens, et quelquefois en prenant sa part pour
se dépiquer; le père ou la nourrice de la jeune fille,
arrivant tout exprès pour la reconnoître; et un esclave
imaginant mille stratagèmes pour tirer de son vieux
maître l'argent nécessaire au fils de la maison. A côté
d'eux figurent, à volonté et comme personnages accessoires, un marchand d'esclaves ou la maîtresse d'un
lieu de prostitution, exerçant à découvert leur noble
trafic; le parasite, toujours bouffonnant et toujours
affamé; enfin, le soldat fanfaron, toujours glorieux et
toujours battu.

Quant au genre de comique, c'est-à-dire au ton de
plaisanterie, libre ou décent, grossier ou délicat, outré
ou naturel, il différoit sans doute suivant le génie différent des poëtes. Il est présumable que Démophile,
Épicharme, Diphile et Philémon, imités de préférence
par Plaute, avoient, dans leur style, plus d'analogie
avec la verve de gaieté bouffonne qui lui est propre;
et qu'au contraire, Apollodore et Ménandre, pris pour
modèles par Térence, se rapprochoient davantage de
l'enjouement gracieux et un peu timide qui lui est
particulier.

Un parallèle un peu plus étendu de Plaute et de
Térence doit trouver ici sa place.

Térence vint au monde huit ans avant la mort de Plaute, et trente-cinq ans après sa naissance. C'est un court espace, sans doute; mais il est immense, si l'on considère qu'à cette époque la langue et la littérature des Romains marchoient de la barbarie à l'élégance avec cette rapidité qui est commune à la jeunesse de toutes les institutions. Térence fut esclave. Quelques-uns ont prétendu que Plaute l'avoit été aussi; mais le plus grand nombre veut que, né de condition libre, et livré au commerce, il ait d'abord acquis, puis perdu une assez grande fortune, et qu'il ait été réduit pour vivre à tourner la meule aux gages d'un meunier. Les opérations du négoce et les durs travaux de l'indigence sont peu favorables à l'observation comique : aussi Plaute paroît-il avoir négligé l'étude de l'homme et de la société, et avoir appliqué presque uniquement son génie naturel à l'imitation des comiques grecs. Ses maximes sont vulgaires; il a peu, disons mieux, il n'a pas de ces traits pénétrans qui vont comme au fond du cœur humain pour y chercher, pour en faire sortir le secret caché dans ses replis. Quant à Térence, réduit d'abord à l'état de servitude, mais instruit par les soins et bientôt affranchi par les bontés d'un maître opulent qu'avoient charmé les qualités de son ame et de son esprit, il s'éleva promptement par son génie au niveau des premiers citoyens de Rome : c'est un fait assez connu que l'amitié dont Furius, Lælius et Scipion l'honorèrent. Fréquentant de tels personnages, et placé au milieu d'une civilisation déja raffinée, il n'est pas étonnant qu'il ait mieux étudié, mieux saisi, mieux exprimé que son devancier le jeu des passions et des caractères. Plaute a cette gaieté de tempérament qui est excellente pour s'étourdir sur les misères de la vie. Térence a cette plaisanterie de réflexion que fait naître dans l'ame d'un sage le spectacle des folies humaines. Plaute prodigue des bouffonneries, des quolibets dignes de la populace de Rome. Térence répand, d'une main trop avare peut-être, des railleries fines et délicates, propres à charmer le sage Lælius et l'hôte glorieux de Linterne. Cicéron, grand philosophe, grand orateur, grand citoyen, mais assez méchant diseur de bons mots, admire beaucoup ceux de Plaute. Horace, un des plus fins railleurs de l'antiquité, n'en fait aucun cas; mais, en revanche, s'il ne loue pas la gaieté de Térence, il vante infiniment la vérité frappante de ses caractères et le naturel exquis de son langage. Enfin, Plaute, mort à l'âge de quarante-quatre ans, laissa vingt-une comédies, fruits nombreux d'une verve rapide et peu châtiée; Térence, mort moins âgé que lui de quatre ans seulement, ne laissa que six comédies, productions laborieuses d'un talent pur et soigné.

La comédie grecque périt avec l'indépendance nationale. Asservie successivement par les héritiers d'Alexandre et par les Romains, la Grèce eut des sophistes, des rhéteurs, des grammairiens, des romanciers, des poëtes; mais Ménandre et ses contemporains n'eurent plus aucun successeur, soit que le champ de la comédie, si borné dans une société telle que nous l'avons décrite, eût été épuisé par les abondantes moissons qu'ils en avoient tirées, soit que, dans ces temps d'abjection profonde, les vices des particuliers même fussent comme des puissances contre lesquelles on n'osât pas, s'élever.

De même, la comédie exotique, importée dans Rome, y finit avec la république. L'indécente pantomime et les horribles jeux du cirque convenoient mieux à ce peuple naturellement féroce, corrompu par un luxe excessif, et abruti par la tyrannie sanglante de ses empereurs au point d'avoir perdu tout sentiment des plaisirs délicats de l'esprit, et de n'être plus susceptible que des grossières émotions des sens.

Durant cette période où le colosse romain se débattoit dans les convulsions d'une lente agonie, et se divisoit lui-même en deux parts, comme pour offrir une proie plus facile aux barbares qui venoient s'en disputer les lambeaux, la comédie disparut avec tous les autres arts.

La nouvelle Italie, héritière privilégiée des trésors littéraires de l'ancienne Rome, fit la première revivre les jeux du théâtre. Elle commença par imiter servilement les imitations latines de Plaute et de Térence; et, plus tard, sans cesser de les prendre pour modèles, elle introduisit sur la scène quelques peintures de ses propres mœurs, qui étoient remarquables surtout par la licence des actions et des paroles. Mais la multitude, participant au goût des anciens habitans du sol, préféra les dialectes populaires, les costumes bizarres, la gaieté bouffonne et la vive gesticulation des mimes antiques, dont l'art ne s'étoit jamais perdu,

et avoit été cultivé sans interruption depuis la fonda-
tion de l'empire jusqu'à sa destruction. Presque de nos
jours, un homme d'un génie heureux qu'avoit inspiré
la lecture de Molière, Goldoni, voulut faire présent à
son pays de la comédie véritable, de la comédie de
caractère et de mœurs, image de la vie commune et
contemporaine. Sa tentative réussit, mais ne fut point
imitée. La musique, s'emparant de toutes les scènes
régulières, finit par en bannir l'intérêt, la raison et la
gaieté, ou du moins n'en laissa subsister que le peu
dont s'accommodent ses caprices tyranniques.

L'Espagne, contrée fière et indépendante, qui ne
se laisse pas plus subjuguer par les arts que par les
armes des autres nations, ne reçut son théâtre ni des
anciens, ni des modernes. Il fut, pour ainsi dire, un
fruit du sol, et il n'a pas plus varié que les autres institutions. Il est tel qu'il convient à un peuple exalté,
chez qui la religion, l'amour et la valeur sont trois
passions qu'il pousse presque à l'extrême ; mais qui,
grave et moral dans les habitudes ordinaires de la vie,
porte, dans ses amusemens, un besoin d'émotions
fortes et variées, qu'il permet qu'on satisfasse aux dépens de la raison, du goût, de la décence même. De là,
nulle distinction des genres qui constituent ailleurs deux
scènes séparées, la violation ou plutôt l'ignorance des
unités les plus indispensables, une étonnante compli-
cation d'événemens dus au hasard ou pris hors de
l'ordre accoutumé des choses humaines, et le mélange
le plus confus de toutes les conditions, de tous les
sentimens et de tous les langages. Cette comédie (car

tel est le nom générique donné à une si singulière espèce de drame) n'est pas sans doute une peinture de
la société espagnole; mais elle est du moins un genre
de plaisir approprié à son génie et à son goût. Lopez
de Véga et Caldéron sont les deux princes de ce théâtre tout national, qui doit sa naissance à l'amour des
Espagnols pour le merveilleux et le romanesque, et
sa durée à l'immuable constance de leurs mœurs, de
leurs opinions et de leurs sentimens.

Chez les Anglois, l'art dramatique, à son origine,
offrit la même confusion de genres, de personnages et
de styles que chez les Espagnols. Les tragédies et les
drames historiques de Shakspeare admettent le mélange du comique et même du bouffon. Quant à ses
comédies proprement dites, ce ne sont point des tableaux de la vie ordinaire et de la nature réelle; ce sont
les jeux, les caprices d'une imagination qui aime à
s'égarer dans un monde idéal, et à le peupler d'êtres
fantastiques. Sous Charles II, prince imbu des usages,
des opinions et des goûts de la France, les deux genres
furent séparés, et la comédie de mœurs se montra sur
la scène angloise. Mais, dans ce pays où la forme du
gouvernement permet à l'homme le libre développement de toutes ses facultés, et où l'esprit de la société
n'impose pas à tous les individus le joug d'une uniformité de convention, les singularités personnelles, les
caractères originaux abondent. La comédie se plut à
les peindre. C'est là ce qui donne une physionomie particulière et piquante aux productions de Congrève et
de Wicherley. Malheureusement, l'art et la morale ont

à leur reprocher l'inobservation fréquente de l'unité de lieu, la duplicité ou même la triplicité d'intrigue, le nombre trop considérable des personnages, et l'indécence des situations aussi-bien que des paroles.

Chez toutes les nations de l'Europe moderne, avant que le théâtre reçût une forme régulière, ou du moins prît une assiette solide, l'art dramatique avoit eu des commencemens grossiers, dont l'origine fut toute religieuse, ainsi que dans l'ancienne Grèce. Au temps des premières croisades, des pèlerins, revenus de la terre sainte, alloient en tous lieux représentant les faits de la Bible ou de la Légende. En France, ils formèrent une société appelée *Confrérie de la Passion de Notre Seigneur*, et obtinrent du roi Charles VI des lettres qui confirmoient leur établissement. Ce fut la première troupe de comédiens autorisée par le pouvoir royal, et le Théâtre-François d'aujourd'hui remonte en ligne directe jusqu'aux confrères de la Passion. Leurs pièces, appelées *mystères*, avoient principalement pour sujets la passion de Jésus-Christ et les martyres des saints : c'étoit la tragédie du temps. Vinrent ensuite les *moralités*, pièces ordinairement allégoriques, qui avoient pour but de combattre le vice et d'exciter à la vertu : ce fut le drame de l'époque. Enfin, sous les noms de *farces* ou de *soties*, la comédie prit naissance. Elle fut d'abord chez nous ce qu'elle commença d'être chez les Grecs, licencieuse et téméraire en ses propos, excitée quelquefois par le pouvoir lui-même contre des abus qu'il n'osoit châtier autrement, et bientôt réprimée par lui, dès qu'à son tour il se voyoit en butte aux traits de la satire.

Au milieu de ces essais informes, où quelques saillies de malice naïve ne rachetoient pas suffisamment la pauvreté des idées et la barbarie du langage, brille un ouvrage qui a traversé les siècles, qui a donné des expressions et des proverbes à notre langue, et qui, rajeuni par des mains habiles, excite encore au théâtre le rire des derniers partisans de la gaieté françoise. Je veux parler de la farce de *Patelin*.

Chez une nation telle que la nôtre, après qu'une production telle que cette farce eut paru, il sembleroit que le sort de la comédie dût être désormais assuré, et qu'elle n'eût plus qu'à marcher d'un pas non interrompu dans la route si heureusement ouverte. Mais il n'en fut pas ainsi. La farce de *Patelin* resta comme une sorte de phénomène isolé, sans liaison avec le passé, et sans influence sur l'avenir.

Un siècle après, à l'époque où la littérature des anciens sortoit des ruines de la barbarie, les mêmes esprits qui évoquoient la tragédie grecque, entreprirent de faire revivre la comédie latine. Imitant Plaute et les Italiens, ses copistes, ils égalèrent leur licence plus que leur génie; mais du moins, dans des intrigues empruntées à l'antiquité, ils introduisirent les personnages et les mœurs de leur temps; et par là ils posèrent à moitié les fondemens de notre comédie nationale. C'est à cette classe d'essais qu'appartiennent *Eugène* ou *la Rencontre*, de Jodelle; *la Reconnue*, de Belleau; *les*

Corrivaux, de La Taille; *la Trésorière* et *les Esbahis*, de Grevin; *le Brave* et *l'Eunuque*, de Baïf; enfin les neuf comédies en prose de La Rivey, supérieures à toutes les autres par la vérité des caractères, la vivacité de l'action et le sel du dialogue.

Les destinées de la comédie en France furent encore interrompues; tant avoit de peine à s'acclimater parmi nous un genre de poëme en apparence si conforme à l'humeur et au génie de la nation! La monstrueuse tragi-comédie, imitée des Espagnols, et la fade pastorale, empruntée aux Italiens, exercèrent, concurremment avec la tragédie, la plume infatigable de Hardy, qui, à lui seul, fournissoit le théâtre, et tenoit lieu de toute une génération de poëtes dramatiques. De temps en temps, paroissoit quelque farce bien insipide et bien grossière, comme pour mieux attester que la comédie n'existoit plus.

Elle fut ressuscitée par Corneille. Corneille, dans sa *Mélite*, voulut *représenter la conversation des honnêtes gens*, entreprise toute nouvelle, où il eut le bonheur de réussir. C'étoit un grand pas de fait vers la peinture des mœurs et des caractères : il fut donné à ce même génie d'achever l'ouvrage qu'il avoit commencé. *Le Menteur* parut. La pièce se sent de son origine espagnole; l'intrigue y domine toutes les autres parties de l'art, et elle est formée d'incidens tous fondés sur des méprises : d'un autre côté, le travers du principal personnage est plus une habitude, effet de l'éducation, qu'un vice, résultat du caractère; plutôt un ressort dramatique qu'un objet de censure morale.

Mais, tel qu'il est, enfin, *le Menteur* commence l'ère de la comédie nouvelle, de la vraie comédie, en France, de même que naguère *le Cid* avoit ouvert celle de la tragédie véritable. L'Espagne nous avoit fait présent de l'une et de l'autre : c'étoit nous donner plus qu'elle ne possédoit elle-même.

Corneille avoit imité en homme de génie ; les auteurs de l'époque copièrent sans discernement et sans goût. Du *Menteur* à *l'Étourdi*, notre comédie fut toute espagnole. Des caractères hors de nature, des rencontres fortuites, des méprises produites par l'obscurité de la nuit ou par le déguisement des personnages, des fadeurs quintessenciées et des bouffonneries indécentes, voilà tous les élémens du prétendu comique mis en œuvre par Rotrou, Boisrobert, d'Ouville, Thomas Corneille, Scarron et quelques autres.

Molière arrive enfin.

Molière, au sortir de l'enfance, avoit vu les derniers et les plus terribles coups portés par Richelieu mourant, pour retenir le pouvoir qui alloit lui échapper avec la vie. Peu après, il avoit été spectateur de la Fronde, parodie de la Ligue, espèce de tragi-comédie, dont l'astuce italienne, la rancune espagnole et la légèreté françoise compliquoient l'intrigue, et dont le dénouement fut une composition amiable entre des intérêts d'ambition, d'amour-propre et de fortune, qui s'étoient armés les uns contre les autres, sans bien savoir de quoi ils avoient à se plaindre, ni ce qu'ils avoient à espérer. On l'a remarqué souvent, les époques de troubles et de catastrophes sont favorables aux esprits,

qu'elles exercent et fortifient, qu'elles agrandissent et
fécondent : mais ces temps où le génie fermente et se
développe intérieurement, ne sont pas ceux où il produit. La comédie surtout a besoin du repos des sociétés. Au sein de l'agitation politique, elle ne peut peindre qu'à la hâte et, pour ainsi dire, à la volée un état
constamment mobile et confus ; l'aspect changeant des
objets échappe sans cesse à ses pinceaux, et ses images
du jour ont vieilli dès le lendemain. Dans un état pai-
sible, au contraire, les conditions sont inégales et les
rangs distincts ; les caractères agissent selon leur propre
impulsion ; les mœurs, qui ne sont que des habitudes,
suivent leur cours naturel ; enfin, la société, modèle du
poëte comique, pose devant lui ; il peut la bien étudier,
la peindre avec soin, et, pendant quelque temps du
moins, s'applaudir de la ressemblance qu'il a saisie.

Lorsque Molière entra dans la carrière du théâtre,
le royaume étoit pacifié. Louis XIV alloit devenir époux
par le traité des Pyrénées, et roi par la mort de Mazarin ; les grands seigneurs, de suzerains altiers devenus vassaux soumis, entouroient leur jeune monarque,
et déja préludoient à ce culte d'amour et d'admiration
qu'ils lui rendirent pendant tout son règne ; les lettres
et les arts, respirant du tumulte des discordes civiles,
s'apprêtoient à orner de leurs chefs-d'œuvre un siècle
dont ils ont fait la gloire : cependant les courtisans
flattoient leur maître et cherchoient à se supplanter
entre eux, les magistrats rendoient, et quelquefois,
dit-on, vendoient la justice, les traitans s'enrichis-
soient aux dépens du peuple, les femmes faisoient l'a-

mour, les bourgeois vaquoient à leurs occupations; en un mot, tout étoit rentré dans l'ordre avec ces différences de conditions, ces distinctions de rangs, ces inégalités de fortunes et ces variétés de ridicules qui constituent la meilleure des sociétés possibles pour la Muse de la satire et celle de la comédie.

Les circonstances où apparut le génie naissant de Molière étoient d'autant plus propres à le seconder, qu'alors l'état de la société étoit un état de crise, également éloigné de la grossière confusion des temps de barbarie et de l'insipide uniformité des temps qu'amène une longue civilisation. Il existoit une sorte de conflit entre les mœurs anciennes et les mœurs nouvelles, entre la rusticité héréditaire et l'élégance acquise, entre l'antique pruderie et la coquetterie moderne, entre le faux savoir qui obscurcissoit encore beaucoup d'esprits et les vraies lumières qui de toutes parts cherchoient à y pénétrer, entre la ridicule affectation qui avoit déshonoré notre littérature naissante et le bon goût qui venoit y établir son empire : de là une foule de contrastes, d'oppositions dramatiques. D'un autre côté, les conditions tendoient à se rapprocher et à effacer la ligne chaque jour moins profonde qui les séparoit; dans tous les degrés de l'échelle sociale, chacun s'efforçoit de s'élever au-dessus de son état, en blâmant les mêmes efforts dans tous les autres : de là une multitude de prétentions, de rivalités comiques.

Les circonstances particulières de la vie de Molière le placèrent successivement dans les situations les plus favorables à l'étude des mœurs. Presque aucune

portion de la société ne put échapper à ses regards.
Né dans la classe des artisans, degré intermédiaire
entre le peuple et la bourgeoisie, il fut à même de bien
connoître l'un et l'autre. Ses premières années ayant
été partagées entre les écoles que fréquentoient les enfans du pauvre et un collége qui comptoit des princes
du sang parmi ses élèves, il contracta, de bonne heure,
les liaisons les plus humbles et les plus élevées. Comédien ambulant, il parcourut les provinces et les cam-
pagnes. Domestique du roi, il put observer de près
la cour et ses intrigues. Homme universellement recherché, il vit arriver à lui mille originaux qui sembloient vouloir lui épargner la peine de les aller trouver pour les peindre.

Depuis la renaissance des lettres, tous nos poëtes
comiques, et Molière, comme eux, à son entrée dans
la carrière, s'étoient bornés à copier des copies qui à
peine avoient eu elles-mêmes des originaux. *Les Précieuses ridicules* furent le premier tableau peint d'après
nature, le premier qui représentât des personnages
vrais et des mœurs réelles. C'étoit la comédie ramenée
à son principe et à sa destination. Molière le comprit
aussitôt; et, de ce moment, toutes ses études eurent
pour objet l'homme et la société.

Le but de la comédie est de corriger; son moyen est
de faire rire. Ces deux propositions, dont la première
seroit trop générale si elle n'étoit limitée par la seconde,
semblent soustraire les vices à la juridiction comique;
car on ne les corrige guère, et ils sont peu risibles.
Ce sont les ridicules proprement dits que la comédie

doit combattre de préférence. Bien qu'ils viennent d'une cause interne, comme ils ne sont ordinairement que des accidens extérieurs et superficiels, la comédie, en les attaquant, peut espérer de les détruire, sauf à les voir remplacés par d'autres. En un mot, le poëte comique est moins un prédicateur de vertus qu'un précepteur de bienséances. Molière donc, pour être utile et pour amuser à la fois, s'attacha principalement à la peinture des ridicules.

L'amour-propre en est la source la plus abondante. C'est l'amour-propre qui a engendré les précieuses affectant un jargon inintelligible, et les savantes engouées pour des sciences qu'elles ne comprennent pas; les pédans si orgueilleux de leur érudition indigeste, et les beaux-esprits si vains de leurs fadaises rimées; le manant qui épouse la fille d'un gentilhomme, et le bourgeois qui aspire à passer pour gentilhomme lui-même; les prudes qui affichent une sévérité outrée, et les coquettes qui étalent les conquêtes faites par leurs charmes; les marquis qui se vantent des dons de la nature, des bontés du roi et des faveurs des dames; et ce misanthrope lui-même dont il faut estimer la vertu, mais dont l'orgueil bourru fronde la vanité de tous les autres.

Les passions sont aussi une source féconde de ridicules, et elles ont ordinairement pour principe l'amour de nous-mêmes. Cet amour, mal entendu et poussé jusqu'à l'excès qu'on appelle égoïsme, a produit, dans Orgon, cette préoccupation imbécile qui lui fait sacrifier sa famille entière à un misérable qu'il croit nécessaire au salut de son ame; et, dans Argan, cette manie pusillanime qui le porte à marier l'aînée de ses filles à un sot, et à les déshériter toutes deux au profit d'une marâtre, afin de se mieux assurer les soins dont il croit avoir besoin pour la santé de son corps.

L'amour, passion universelle, qui, ayant les autres pour objet, se rapporte encore à nous-mêmes, l'amour tient trop de place dans la vie pour n'en pas occuper aussi beaucoup sur la scène. L'amour satisfait et tranquille ne peut convenir qu'aux amans mêmes : encore en pourroit-on douter, car c'est un état dans lequel ils ne sauroient demeurer long-temps. Ce qui est certain, c'est que, pour les autres, l'amour n'est intéressant que lorsqu'il est traversé, inquiet, malheureux; et, comme de toutes les peines que peuvent ressentir deux personnes bien éprises l'une de l'autre, les plus vives sont celles qui leur viennent d'elles-mêmes, la jalousie est l'aspect sous lequel l'amour doit principalement être présenté au théâtre. La jalousie est touchante entre deux jeunes gens faits pour s'aimer, pour se rendre heureux mutuellement, et qui ont le malheur de s'accuser réciproquement d'infidélité. Telle est la jalousie charmante d'Éraste et de Lucile, de Valère et de la fille d'Orgon, de Cléante et de la fille de M. Jourdain. La jalousie peut être ridicule aussi; et c'est alors surtout qu'elle est du ressort de la comédie. Elle est ridicule quand il y a, de celui qui la ressent à celle qui l'inspire, une trop grande différence de caractère, comme entre le misanthrope Alceste et la coquette Célimène, ou bien une trop grande dispropor-

tion d'âge, comme entre Sganarelle et Isabelle, Arnolphe
et Agnès, don Pèdre et Isidore. Il falloit que Molière
regardât la jalousie comme un moyen essentiellement
comique, puisqu'il n'a pas craint de la montrer jusqu'à
trois fois dans le mariage même, où le choix n'est plus
libre, où le soupçon est un outrage, où l'infidélité
est un crime, et ce crime, suivant nos fausses idées,
une espèce de déshonneur pour celui qui en est la
victime. Sganarelle, George Dandin et Amphitryon
sont trois maris jaloux. L'art du poëte a su nous amuser des terreurs imaginaires du premier, des craintes
mieux fondées du second, et de la disgrace trop réelle
du troisième.

Une seule fois, Molière sembla prétendre à corriger un véritable vice, en l'attaquant de front et en
forme, c'est-à-dire en faisant de ce vice l'objet principal de sa composition. Je veux parler de *l'Avare*.
L'antiquité lui offroit ce sujet; il s'en empara et laissa
loin derrière lui son modèle. Il fit un chef-d'œuvre de
force et de gaieté comiques; il fit beaucoup rire aux
dépens d'Harpagon: mais a-t-il corrigé un seul de ceux
qui lui ressemblent? On en peut douter : au lieu qu'il
a certainement détruit ou affoibli la plupart des ridicules qu'il a frondés.

Dans plusieurs autres ouvrages, il a introduit des
personnages vicieux. Mais ce n'est pas dans le dessein
de les combattre et avec l'espoir de les réformer; c'est
uniquement pour éclairer et corriger par leur moyen
les personnages ridicules qui sont leurs dupes et leurs
victimes. Ainsi, Dorante, escroc de qualité, est une

leçon vivante pour les bourgeois vains et fastueux qui ont la sottise de rougir de leur état et de hanter les grands; de même qu'Angélique, épouse impudente et presque adultère, en est une pour les paysans riches qui seroient tentés de s'allier à une famille noble, et d'échanger leur or contre des affronts. Béline, femme cupide et dénaturée, est un exemple effrayant pour les hommes opulens qu'un soin excessif de leur santé met dans la dépendance des êtres intéressés qui s'empressent autour d'eux. Valère, enfin, fils prodigue et irrespectueux, seroit peut-être le seul avertissement dont pût profiter l'avarice, si l'avarice pouvoit être sensible à quelque autre chose qu'à la perte de son trésor. Je vais plus loin. Quand Molière, dans son plus bel ouvrage, a démasqué le plus détestable des vices, l'hypocrisie, peut-on croire qu'il eût le projet de la faire rougir d'elle-même, et de la forcer à s'amender? Non, sans doute. Le poëte n'a signalé les Tartuffes que pour avertir les Orgons; sa censure est celle de la crédulité dévote qui se laisse séduire par les apparences de la piété, et non celle de l'imposture sacrilége qui abuse des choses divines pour arriver à des fins mondaines et coupables.

De cette manière d'envisager l'art de la comédie sous le rapport de l'utilité morale, il est résulté qu'ordinairement Molière a montré le vice triomphant du ridicule, et la méchanceté de la sottise. On en a conclu que, réservant toute sa sévérité pour d'innocens travers, il témoignoit une coupable indulgence pour des habitudes nuisibles et perverses, et on l'a accusé d'avoir fait du théâtre une école de mauvaises mœurs. La raison répond sans peine à ce reproche d'une philosophie chagrine et sophistique. Molière, il faut le répéter, a épargné les vices, parce qu'il les auroit attaqués sans profit pour la morale, et il a combattu les ridicules, parce qu'il le pouvoit faire avec fruit pour la société. Dans ce dessein, il a dû placer à côté de chaque ridicule le vice particulier qu'engendre ou nourrit sa foiblesse, afin qu'il apprît à s'en garantir. Falloit-il, pour l'édification publique, qu'il montrât le ridicule foible et confiant de sa nature, triomphant du vice armé de toutes ses ruses? La peinture eût été fausse et la leçon donnée à contre-sens. Autant vaudroit-il, dans un tableau, représenter les moutons terrassant les loups et trompant les renards. *Tartuffe* fait exception; mais il falloit absolument que le monstre fût immolé à l'indignation publique : encore, pour son châtiment, le poëte eut-il recours, par une double dérogation aux lois ordinaires du royaume et à celles du théâtre, à l'intervention directe et imprévue du monarque.

La comédie, chez les anciens, après avoir commencé par immoler effrontément à la risée publique des personnages existans qu'elle produisoit sous leurs noms et sous leurs traits véritables, ne tarda point à se jeter dans un excès contraire, en ne montrant plus aux spectateurs que des généralités, c'est-à-dire des personnages qui représentoient, en toute occasion, les âges, les sexes et les états divers, sans caractère propre et sans physionomie particulière. Sous des noms différens, quelquefois sous le même nom, le même personnage, ayant la même humeur et le même langage, participoit à des intrigues différentes. Le vieillard et le jeune homme d'une pièce étoient ceux de toutes les autres : il en étoit ainsi de l'esclave et de la servante, de la jeune fille et de la matrone, du parasite et du fanfaron. Les Italiens ont plus fait encore; ils ne se sont pas contentés de ces personnages, pour ainsi dire, collectifs, par qui étoient représentées uniformément les différentes portions de l'espèce humaine, telles que la nature ou la société les distinguent; ils ont mis sur la scène des figures presque symboliques, représentant les différens peuples de l'Italie, et montrant des ridicules, non plus de genre, d'espèce ou d'individu, mais de nation et, pour ainsi dire, de localité. Ainsi, Pantalon, c'est le peuple de Venise; le docteur, celui de Bologne; Scapin, celui de Naples; et Arlequin, celui de Bergame. Cette éternelle répétition des mêmes types annonce un art routinier qui ne sait plus que se copier lui-même, faute de prendre pour modèle la nature, dont la variété est infinie. C'est parce qu'il l'a imitée et n'a jamais imité qu'elle, que Molière a mis dans ses personnages une si admirable variété. Ses vieillards et ses jeunes gens, ses pères et ses fils, ses mères et ses filles, ses amoureux et ses amoureuses, ses valets et ses servantes, ne sont point sortis d'un même moule. Ils ont entre eux ces rapports communs que produit la conformité d'âge, de sexe ou de condition; mais ils ont en même temps ces différences individuelles qui distinguent tous les êtres créés. C'est une heureuse combinaison des caractères généraux et des caractères particuliers ; c'est l'utile moralité des uns jointe à la piquante originalité des autres.

Un principe commun à tous les arts, c'est que les choses se font valoir les unes les autres par le contraste ; mais il faut que ces oppositions soient habilement ménagées : celles qui sont trop brusques et trop tranchées, détruisent l'harmonie et blessent la vraisemblance. La nature, qui n'a pas fait deux êtres absolument pareils, n'en a pas fait non plus deux absolument contraires ; et elle a soin de ne pas placer à côté l'un de l'autre ceux qui diffèrent le plus entre eux : elle ne procède que par gradation. Les hasards de la vie humaine peuvent rapprocher instantanément deux personnes du caractère le plus opposé ; mais de ces rencontres fortuites et passagères, l'art ne doit pas faire un moyen constant et uniforme. Les successeurs de Molière en ont fait abus. Faute de savoir donner du relief et de l'éclat à leurs figures par une distribution bien entendue de l'ombre et de la lumière, ils ont employé les chocs de couleur, et ce qu'en peinture on appelle des *repoussoirs*. A côté d'un homme ridiculement vain, se trouve à point nommé un homme ridiculement modeste ; à côté de celui qui voit tout en beau, celui qui voit tout en noir ; à côté de celui qui flatte tout le monde, celui qui n'épargne à personne des vérités désobligeantes, et ainsi du reste. Molière s'est bien gardé de ces contrastes factices et systématiques. Il est quelques vices, quelques ridicules qui, pour ainsi dire, engendrent leur contraire. C'est une vérité commune, dont un proverbe fait foi, qu'un père avare trouve la punition de son vice dans le vice opposé de ses enfans. De même encore, le goût excessif d'une femme pour la science peut porter son mari, ne fût-ce que par esprit de contradiction, à un dégoût non moins outré pour le savoir. Molière ne pouvoit manquer de mettre en action ces traits d'observation générale. Mais, hors de ces cas peu nombreux, il n'a opposé le plus souvent, aux ridicules qu'il vouloit combattre, que la raison qui en enseigne le danger, et le vice qui le démontre. C'est ainsi que Cléante et Tartuffe attaquent, l'un par ses discours, l'autre par ses exemples, la foiblesse d'Orgon; Béralde et Béline, celle d'Argan; Clitandre et Trissotin, celle de Philaminte; madame Jourdain et Dorante, celle de M. Jourdain. *L'École des Maris*, *l'École des Femmes* et *le Misanthrope* sont composés à peu près suivant le même système. Toujours un personnage atteint d'une manie ridicule, que prêche inutilement un personnage raisonnable, et que trompe un personnage vicieux ou dépendant pour confirmer la leçon : tel est, en effet, Sganarelle entre Ariste et Isabelle, Arnolphe entre Chrysalde et Agnès, Alceste entre Philinte et Célimène. Dans les petites pièces, dans les farces surtout, un personnage grave et raisonneur ne seroit point à sa place. Là, Molière se contente de faire jouer entre eux des ridicules différens, mais non pas opposés; et, prétendant moins à corriger qu'à faire rire, il livre la sotte crédulité, sans avertissement et sans défense, aux assauts de la vive et ingénieuse fourberie.

Le comique de situation, dont la comédie de caractère et la comédie d'intrigue sont également susceptibles, diffère essentiellement dans l'une et dans l'autre. Dans la comédie d'intrigue, il naît de quelque accident imprévu qui cause une agréable surprise. Dans la comédie de caractère, il résulte du contraste, du conflit des vices, des ridicules, des passions, des intérêts, des devoirs, diversement opposés dans une même personne ou entre deux personnes différentes. Tout ce qu'on admire le plus dans Molière découle de cette source. Harpagon est avare, et il devient amoureux d'une fille sans bien; il s'emporte contre son fils qui emprunte à gros intérêt, et c'est lui-même qui lui prête à usure. Alceste voudroit rompre tout commerce avec les hommes, et il aime une femme qui n'est jamais entourée de trop d'adorateurs; il est d'une sincérité brutale, et il est pressé par un poëte de qualité de lui dire son sentiment sur de méchans vers qu'il a composés. Tartuffe feint d'être scandalisé à la vue d'un sein trop peu couvert, et la luxure le domine au point qu'il ne craint pas de s'adresser à la femme de son bienfaiteur, pour essayer de la suborner. Orgon et Argan sont bons pères, et on les amène à déshériter leurs enfans; le premier est dévot, et il s'emporte; le second se croit moribond, et, la colère le lui faisant oublier, il parle et agit en homme des plus robustes. Arnolphe tient que l'ignorance est l'unique garantie de l'innocence des femmes, et Agnès, précisément parce qu'elle ne sait rien, le trompe mieux que ne pourroit faire celle qui sauroit tout. Sganarelle, de *l'École des Maris*, est convaincu que les grilles et les verrous peuvent seuls répondre de la vertu des filles, et celle qu'il renferme sous dix clefs, est par lui-même tirée de sa prison, et conduite à son amant; il s'apprête à jouir de la confusion de son frère qu'il croit victime de trop de confiance, et il le rend témoin de sa propre disgrace, causée par une défiance excessive. Le Sganarelle du *Mariage forcé* demande des avis avec ardeur, bien déterminé d'avance à n'en faire qu'à sa tête; et celui de *l'Amour médecin*, ne sollicitant pas de meilleure foi les conseils, en reçoit qui ne seroient profitables qu'à ceux mêmes qui les donnent. Chrysale est le plus foible des maris, et il parle sans cesse de sa volonté ferme et de ses ordres absolus. Le maître de philosophie de M. Jourdain, qui enseigne à modérer ses passions, entre en fureur au moindre mot qui blesse son orgueil; et le pyrrhonien Marphurius ne sort de son scepticisme obstiné, que quand la douleur le force à confesser la certitude des coups de bâton qu'il vient de recevoir. Mais qu'est-il besoin d'exemples si nombreux à l'appui du principe qui a été posé, puisqu'on peut affirmer que toutes les bonnes scènes de Molière en sont autant d'applications et de preuves? Cette espèce d'analyse, poussée aussi loin qu'elle pourroit s'étendre, renfermeroit son théâtre tout entier.

Du comique de situation dans les pièces de caractère, jaillit naturellement le comique de dialogue. La situation est une sorte de torture morale qui contraint un personnage ridicule à laisser échapper le secret de sa foiblesse, soit qu'il en ait la conscience et veuille la cacher, soit qu'il l'ignore et la révèle aux autres sans se l'apprendre à lui-même. Tout ce qui, dans le dialogue, ne sort pas de la situation, peut être plaisant, mais ne peut pas être comique. Pour rendre cette distinction plus sensible, comparons un moment Molière et l'un de ses plus heureux successeurs, Regnard. Le dialogue de celui-ci est un assaut continuel d'esprit et de gaieté. On est dans un cercle de gens à bons mots qui veulent à la fois rire et faire rire les autres de leurs saillies. C'est à bon escient qu'ils nous divertissent; et leur humeur, quand ils en ont, a je ne sais quel tour plaisant qu'ils ont l'air d'y avoir donné exprès. Les personnages de Molière n'ont ni une finesse, ni une vivacité remarquables, et ce sont les moins ingénieux qui nous amusent le plus. Ils n'aiguisent pas des traits d'esprit; ils laissent échapper des mots de caractère. Ils n'entendent pas malice à ce qu'ils disent; c'est de bonne foi qu'ils se fâchent et qu'ils grondent : s'ils sont réjouissans, c'est contre leur gré, ce n'est ni pour leur plaisir, ni pour le nôtre. Enfin, chacun d'eux pourroit dire, comme Alceste :

> Par la sambleu ! messieurs, je ne croyois pas être
> Si plaisant que je suis.

Entre le plaisant et le comique, la différence du mérite peut se mesurer à celle du succès. Les traits malins, les bons mots éblouissent d'abord; mais leur charme, qui naît de la surprise, meurt avec elle. Répétés, ils perdent tout leur effet, ou n'obtiennent plus qu'un froid sourire de réminiscence. Au contraire, les mots naïfs, les mots arrachés par la situation au caractère ou à la passion d'un personnage, conserveront toujours le droit de plaire par le naturel et la vérité. Dans le monde, comme sur la scène, imprévus ou pressentis, ou même sus d'avance, le rire le plus franc ne peut manquer de les accueillir. Molière a une foule de ces mots. Quelques-uns sont redits plusieurs fois de suite par un même personnage; et leur effet, loin qu'il s'affoiblisse par la répétition, ne fait que s'en accroître : c'est le triomphe de la vérité bien saisie par le poëte et bien sentie par le spectateur. On a dit de l'amour, qu'il est *un grand recommenceur*. On en peut dire autant de toutes les autres passions. Pour elles, il n'y a qu'une idée et une manière de l'exprimer. Harpagon, voulant établir sa fille, est préoccupé d'une seule pensée, celle de la marier sans dot; et *sans dot* est tout ce qu'il peut répondre à chacune des objections de Valère.

Des esprits bornés ou irréfléchis ont fait un reproche à Molière de ce qu'il a souvent exagéré le comique de situation et le comique de dialogue. De pareils juges condamneroient une statue plus grande que nature, faute de comprendre que, vue au point élevé qu'elle doit occuper, elle sera réduite, par l'effet de la distance, aux proportions ordinaires de l'homme. On a beaucoup parlé de l'optique du théâtre; mais, du principe exprimé par ce mot, on n'a peut-être pas tiré tout ce qu'il renferme. Toutes les parties d'un art doivent être homogènes : une seule, qui ne seroit pas de la nature des autres, les accuseroit d'imposture; et

l'effet de l'ensemble seroit détruit. Au théâtre, le dé-
corateur strapassone ses figures et ses ornemens; l'acteur est grandi par l'exhaussement de la scène et son
élévation progressive; il relève par le fard la couleur
naturelle de son visage; il renforce le volume accoutumé de sa voix; il rend son geste plus fréquent et plus
expressif. Conviendroit-il que, sur cette scène, où tout
ce qui s'adresse à l'oreille et aux yeux excède, à cause
de l'éloignement, la mesure ordinaire des choses, ce
qui est du ressort de l'esprit seul restât renfermé dans
les bornes communes? Non, sans doute. Si les objets
et les sons doivent être calculés d'après les données
matérielles du théâtre, il y a aussi une optique, et,
si je l'osois dire, une acoustique de l'esprit. Ce qu'entendent beaucoup d'hommes rassemblés à dessein, mais
sans choix, doit être d'un effet qui réponde au nombre des auditeurs, à la diversité de leurs esprits, et
à l'espèce de solennité qui les réunit. Il faut que ce
qui leur est présenté, ce qui leur est dit, frappe sur-
le-champ et d'un seul coup toutes les intelligences,
depuis la plus prompte jusqu'à la plus tardive : des
situations trop ménagées et des mots trop fins n'arri-
veroient pas plus à l'esprit du public, que des mouvemens trop peu marqués ne parviendroient à ses yeux,
et des sons trop foibles à son oreille. Il y a plus : des
spectateurs, que le déplacement et la dépense rendent
exigeans à double titre, ne sont pas venus, n'ont pas
payé pour écouter et voir exactement les mêmes hommes qu'ils peuvent rencontrer chaque jour : ils veulent mieux, ils veulent plus que l'avare, le grondeur,

le patelin, le jaloux, le pédant, qui est de leur pa-
renté, de leur voisinage ou de leur quartier; et, en
cela, leur vœu conspire avec le besoin du poëte.
Celui-ci, en effet, sent que, pour plaire et triompher,
il doit, comme tous les imitateurs de la nature choisie,
prendre dans plusieurs modèles de quoi composer son
image, et s'élever même, s'il se peut, au-dessus des
perfections relatives qu'il a rassemblées en elle. De
même donc que l'artiste réalise, dans le marbre ou
sur la toile, le beau idéal des formes physiques, l'auteur comique individualise sur la scène le beau idéal
des difformités intellectuelles, je veux dire du vice,
de la folie et de la sottise. Cette différence qui doit
exister entre les originaux que fournit la société et
les copies que l'art en présente, existe entre les imitations même, suivant leur genre et leur destination.
Le comique du *proverbe* n'est pas celui de la *comédie*:
l'un, transporté du salon sur le théâtre, sera sans relief, sans couleur et sans mouvement; l'autre, descendu
du théâtre dans le salon, semblera heurté, cru et
outré dans l'ensemble ainsi que dans les détails. Je
reviens à Molière. Oui, sans doute, il a souvent ren-
forcé et multiplié les traits dont ses caractères sont
formés. Il est difficile, on l'a déja remarqué, qu'un
seul homme, en un seul jour, fasse autant de traits
d'avarice que Molière en a rassemblé dans Harpagon.
Il est rare aussi que, dans le monde, la passion laisse
échapper son secret avec aussi peu de prudence, ou
le livre avec aussi peu de retenue, que le font tous
ces personnages infatués qu'il a mis sur la scène. Mais,

je le répète, la perspective théâtrale veut de ces proportions exagérées, de ces traits chargés, de ces teintes
vigoureuses, de ces coups de pinceau larges et nombreux, qui, par l'effet de l'éloignement, doivent se
réduire, s'éteindre et se fondre de manière à ne plus
présenter, au point de vue, que les justes dimensions,
les formes exactes et les couleurs véritables de l'homme.
Et quel peintre de la société a mieux senti, mieux
observé que Molière, cette mesure précise, qui, de
l'exagération de l'art, fait sortir la vérité de la nature?

Molière, du reste, pour peindre à la fois avec éner-
gie et avec vérité, fit choix des modèles les mieux ap-
propriés à ce dessein; et il eut ce bonheur, que son
siècle les offroit en foule à son pinceau. Alors n'existoit point, au même degré, cette rapide et constante
communication des esprits, qui fait qu'ils se pénètrent,
se modifient les uns les autres, et finissent par se ran-
ger tous sous le joug des mêmes opinions. Alors surtout n'existoit point, dans toute sa puissance, cette
police mutuelle de la mode et du ridicule, qui, rendant chacun attentif à observer les autres et à s'observer soi-même, règle, pour tous, l'apparence des
actions, l'espèce des paroles, la forme des habits, la
mesure du geste, et jusqu'à l'étendue de la voix, et,
d'une société d'hommes si diversement organisés, fait
comme un assemblage d'automates mis en mouvement
par les mêmes ressorts. La cour, il est vrai, se distin-
guoit déja, du temps de Molière, par l'art de cacher
ses vices et ses ridicules sous des dehors élégamment

uniformes, et ses dispositions malveillantes envers autrui sous les formules banales de la politesse. Mais la bourgeoisie n'avoit point encore perdu cette simplicité, cette franchise, cette naïveté de manières et de langage, qui laissent apercevoir sans peine le caractère et l'humeur, les idées et les sentimens de chaque individu. Voulant peindre, non des mannequins, mais des hommes, non des masques identiques et insignifians, mais des visages expressifs et variés; voulant, d'ailleurs, imiter une nature morale, où le bien et le mal se trouvassent dans cet état d'équilibre ou plutôt de mélange, qui semble être le vrai partage de notre espèce, et qui est le plus favorable aux oppositions que l'art demande, Molière alla chercher ses personnages dans la bourgeoisie, classe mitoyenne, qui, touchant par ses deux extrémités au peuple et à la noblesse, n'avoit ni les défauts grossiers de l'un, ni les vices raffinés de l'autre. C'est dans les rangs inférieurs de cette classe qu'il a pris ses Gorgibus et ses Sganarelles; les rangs plus élevés lui ont fourni les Orgon, les Chrysale, les Harpagon, les Arnolphe, les Jourdain et les Argan. Chez de tels hommes, du moins, les ridicules ne se montrent ni trop à nu, ni trop déguisés; les bons mouvemens ne peuvent pas être attribués entièrement soit à l'instinct, soit au calcul; et le langage qui manifeste les uns et les autres, est exempt de grossièreté comme d'affectation.

Molière, toutefois, ne négligea pas de peindre les nobles de la cour, de la ville et de la province; mais il les plaça ordinairement dans des intrigues bour-

geoises, comme personnages secondaires ou accessoires.
Les *marquis*, que lui-même qualifie de *ridicules*, ne
sont que des bouffons propres à divertir le public par
une espèce particulière d'impertinence et de sottise.
Les Sotenville et les d'Escarbagnas appartiennent à
cette gentilhommerie campagnarde, que la noblesse
de cour repousse, dont la roture citadine se moque,
et qui n'impose qu'à la paysannerie. Le Clitandre de
George Dandin est un galant adultère, et le Dorante
du *Bourgeois gentilhomme* est un aimable escroc : ils
ne tirent pas leurs vices de leur qualité; ils n'emprun-
tent d'elle que les formes élégantes dont ils savent les
revêtir. Le Clitandre des *Femmes savantes*, unissant
la raison et le bon goût à l'honnêteté de l'ame et à la
délicatesse des procédés, semble être une apologie
équitable de la cour, trop généralement accusée d'i-
gnorance par des pédans, et de dépravation par des
moralistes chagrins. Mais, je le répète, ces nobles de
différente espèce et de différent caractère, ne sont
guère que des individus, des personnages plutôt nécessaires à l'action des pièces où ils sont introduits,
que destinés à représenter les mœurs de la classe à
laquelle ils appartiennent. Une seule fois, Molière
mit en scène des personnes de la cour dans une comédie faite à dessein de les peindre, et où elles figurent exclusivement : ce fut dans *le Misanthrope*. Ces
personnes ne sont pas toutes parées d'un titre; mais
toutes font évidemment partie de la classe noble; et
Alceste, quoiqu'il n'en dise rien, est aussi bon gentilhomme qu'Oronte qui s'en pique et Acaste qui s'en

vante. La tentative fut heureuse, puisque nous lui
dûmes un chef-d'œuvre; mais le poëte ne la renouvela
pas. *Le Misanthrope* abonde .en beautés nobles, élégantes, fines et délicates, qui lui sont particulières.
Mais qui oseroit affirmer que le comique en est aussi
vif, aussi saillant, aussi énergique, et d'une application
morale aussi étendue, que celui de *Tartuffe*, de *l'A-
vare*, du *Bourgeois gentilhomme*, des *Femmes savantes*, ou du *Malade imaginaire?* et qui pourroit
ne pas attribuer cette différence à la différence même
des personnages?

Molière, dans l'intention qu'il avoit de faire la satire des mœurs plus que celle des professions, et peut-
être aussi afin de rendre plus générale sa censure des
vices et des ridicules, s'est abstenu ordinairement de
spécifier l'état de ses personnages. Ses bourgeois, dans
les petites pièces comme dans les grandes, sont des
hommes vivant d'un revenu plus ou moins considérable, et n'ayant aucune profession, aucun emploi. On
voit seulement qu'Orgon a *servi son prince* pendant
les troubles de la Fronde, et que le père de M. Jourdain *vendoit du drap* près de la porte Saint-Innocent.
Je ne parle pas du métier de prêteur à gros intérêt
et sur gage, que fait Harpagon : l'usure est une partie
de son vice, et il ne la fait qu'en amateur. Il est cependant certaines professions qui sont inévitablement
en butte aux traits de la Muse comique : ce sont celles
qui, disposant de la santé ou de la fortune des hommes, seront toujours accusées, quoi qu'elles fassent,
de leur nuire par ignorance ou par cupidité. Molière,

s'il n'a pas entièrement épargné les professions de qui dépendent nos biens, les a, du moins, beaucoup ménagées. Les juges, les avocats, les procureurs, les huissiers, les notaires et les traitans n'ont reçu de lui que quelques atteintes rares et légères. Mais les médecins ont été l'objet constant de ses plus vives hostilités. Il leur a livré jusqu'à cinq batailles rangées, sans compter les escarmouches ; et, en songeant à sa dernière comédie, *le Malade imaginaire*, on peut dire qu'il est mort en les combattant. D'où vient cet acharnement extraordinaire ? Sans contredit de ce que Molière étoit presque toujours malade et ne pouvoit être guéri ni même soulagé. Après les médecins, les hommes qu'il a le plus fréquemment attaqués, ce sont les auteurs jaloux et malveillans [1]. C'est qu'après les charlatans qui ne savoient pas lui rendre la santé, les envieux qui lui disputoient sa gloire étoient ses ennemis les plus personnels. Quant aux hypocrites, je n'en dirai qu'un mot. S'il eut souvent à souffrir de leurs manœuvres, il ramassa toutes ses forces pour leur porter un seul coup, mais un coup dont ils se sentiront toujours ; et l'on pouvoit même croire qu'il les avoit entièrement détruits.

Les anciens, qui ont excellé dans les expositions tragiques, ont mis peu d'art dans celles des comédies. Quelquefois, un acteur, dans un froid monologue, disoit longuement tout ce dont il falloit que le specta-

---

[1] Il les a attaqués dans *la Critique de l'École des Femmes*, dans *l'Impromptu de Versailles*, et dans *les Femmes savantes*.

teur fût instruit; plus souvent, un personnage étranger à la pièce, s'adressant au spectateur même, l'informoit exactement de tout ce qu'il alloit voir. Nous avons banni les prologues, du moins ceux qui sont des analyses de toute la pièce; mais nos poëtes ont trop fait usage des monologues explicatifs, ou ils les ont remplacés par des dialogues aussi peu vrais, dans lesquels un personnage, sachant ce qui se passe dans une maison, l'apprend à un autre qui le sait aussi ou devroit le savoir, afin que le public qui l'ignore en soit informé. Molière procède différemment. Ses expositions sont des scènes vives et animées, qui, commençant l'action, ou, mieux encore, la supposant commencée, mettent tout d'un coup le spectateur au fait du personnage principal, et quelquefois même lui donnent une idée du sujet entier de la pièce. Au lever du rideau, un homme seul, assis devant une table, continue de compter et de régler un mémoire d'apothicaire. Je vois qu'il fait une énorme consommation de médicamens, et qu'il regrette de n'en pas prendre encore davantage. Cependant son visage, sa voix, la violence de ses cris et de ses gestes, tout me dit qu'il est d'une bonne santé et d'une complexion robuste. Cet homme, à coup sûr, est un malade imaginaire. Lui-même, par quelques réflexions dont il entremêle la lecture des articles de M. Fleurant, m'a tout appris sans me vouloir rien apprendre. Ailleurs, deux hommes entrent en scène: l'un fuit l'autre et le repousse; il l'accable des reproches les plus humilians, et ne veut pas même écouter sa justification. Qu'a donc fait cet ami qu'on renonce, qu'on refuse d'entendre? Quelque odieuse bassesse, apparemment? Non; mais, un homme qu'il connoissoit peu l'ayant comblé de politesses, il l'a payé, comme il dit, en même monnoie. Cette grande colère pour une si petite cause, cette indignation outrée pour une faute légère que l'usage autorise au point qu'elle a cessé d'en être une, m'annoncent un homme vertueux et sincère, mais peu sociable, qui pousse la franchise jusqu'à la rudesse, et que l'humeur domine plus encore que l'honneur ne le dirige. Alceste tout entier m'est connu par cette seule boutade. Ailleurs une vieille femme marche à pas précipités et se dispose à sortir de chez sa bru. La famille entière la reconduit avec civilité; mais elle, n'écoutant que son humeur, leur distribue à tous les plus aigres réprimandes. A travers l'exagération de ses discours, je discerne ce qu'ils sont les uns et les autres; d'après le mal même qu'elle en dit, je vois le bien qu'il faut que j'en pense. Mais ce que j'aperçois mieux encore, c'est qu'un misérable hypocrite, impatronisé dans ce logis, y est détesté de tout le monde, hormis du maître de la maison, qui en est ridiculement infatué. Voilà, dans cette seule scène, tous les personnages connus et le sujet de l'action même indiqué.

Les intrigues de Molière sont simples, claires et naturelles. Elles sont surtout variées, et chacune d'elles est conduite de manière à montrer sous toutes ses faces le vice ou le ridicule qui est le sujet comique de la pièce. Aucune situation n'y est amenée de force ou avec cette adresse qui se trahit elle-même en se laissant apercevoir. Molière, plus qu'aucun autre poëte dramatique, a excellé dans l'art des préparations. Ses incidens, ses coups de théâtre peuvent être pressentis, mais ils ne sont pas prévus ; on peut aussi ne pas s'y attendre, mais on n'en est pas étonné, tant ils sortent naturellement du cours imprimé à l'action par le jeu des passions mises en scène. J'ai dit que les intrigues de Molière étoient variées : trois de ses chefs-d'œuvre en fourniront une preuve suffisante. L'intrigue de *Tartuffe* est animée, chaude, intéressante ; les péripéties s'y succèdent avec rapidité : c'est le vrai tableau d'une maison en feu, où domine un scélérat muni de ruses infernales, que soutient une dupe armée du pouvoir conjugal et paternel, et contre qui se sont ligués tous ceux qu'il veut rendre victimes de sa convoitise ou de sa cupidité. L'intrigue du *Misanthrope* n'est ni vive, ni forte, ni attachante : ce ne sont point des défauts ; ce sont les conditions nécessaires d'un ouvrage où le poëte se proposoit de peindre, dans des scènes largement développées, les vices et les ridicules innombrables qui infestent la société. L'intrigue de *l'École des Femmes* est la plus singulière dont le théâtre ait souvenir. Un double nom porté par un des personnages, voilà tout le nœud ; ce nom révélé par hasard à un autre personnage qui l'ignoroit, voilà tout le dénouement ; une suite de récits faits au même personnage, sur le même sujet, par le même narrateur, voilà toute la fable. On parle, on écoute, et il semble qu'on agisse ; de simples confidences deviennent des situations; il n'y a aucun mouvement sur la scène, et tout y paroît animé.

On a loué et blâmé les dénouemens de Molière avec un égal défaut de discernement. Quelques-uns ont été admirés, qui sont plus factices que naturels, qui ressemblent plus à une subtile combinaison du poëte, qu'à un événement qui résulte de l'action et la termine. Quelques autres ont été désapprouvés, qui ne le méritoient pas davantage. Celui de *Tartuffe* surtout a long-temps essuyé d'injustes reproches, dont, enfin, une critique plus éclairée est venue le venger. Le dénouement est bon et nécessaire : la pièce n'en peut avoir un autre, et il est celui qu'elle doit avoir. La punition d'un scélérat tel que *Tartuffe* excède la compétence de la justice comique; les seules peines qu'elle puisse infliger, le ridicule ou l'indignation, ne sauroient suffire : il faut donc un châtiment qui vienne de plus haut. C'est ici le cas de la *machine*, c'est-à-dire d'un pouvoir suprême qui apparoisse inopinément, et tranche une difficulté insoluble sans son intervention. Les législateurs du théâtre veulent que cette intervention soit indispensable, et que le nœud n'en soit pas indigne : qui oseroit dire que ces deux conditions n'existent pas dans *Tartuffe?* Au reste, l'extrême importance attachée au mérite d'un dénouement est un des raffinemens, une des exigences de notre goût moderne. Les anciens Romains vouloient qu'un gladiateur mourût avec grace, et ils ne l'applaudissoient qu'à ce prix. De même, notre public actuel exige que toute comédie, sous peine d'être sifflée, se dénoue d'une manière adroite, facile et vraisemblable à la fois. Disons la vérité : soit que Molière ne mît pas le même prix à cette partie de l'art, soit que le besoin de produire avec rapidité le contraignît à la négliger, plusieurs de ses dénouemens sont peu satisfaisans ; les plus répréhensibles sont ceux qu'il a empruntés à l'antiquité, et que produisent des reconnoissances imprévues, que nos mœurs rendent impossibles. Mais ici une distinction se présente. Il y a le dénouement de l'action ; il y a aussi le dénouement du sujet, c'est-à-dire de la partie comique et morale de l'ouvrage. Si quelquefois Molière est foible ou même pèche dans les dénouemens de la première espèce, en revanche il excelle toujours dans ceux de la seconde. On ne voit pas chez lui, comme chez quelques-uns de ses successeurs, le personnage vicieux ou ridicule changer tout à coup de caractère, et se convertir subitement. La leçon qu'il reçoit n'est pas pour lui-même : elle est pour le spectateur, qui seul en peut profiter. N'est-ce pas, d'ailleurs, une leçon de plus que cette impénitence finale ? Puisqu'on ne se corrige pas d'un travers, ou qu'on ne s'en corrige que très-difficilement, on ne sauroit donc faire trop d'efforts pour s'en préserver. Orgon, parce qu'il a été trompé par un fourbe détestable, ne veut plus croire aux honnêtes gens, donnant ainsi, par deux effets contraires, une double preuve de la même foiblesse. Alceste, parce qu'il a été joué par une coquette, sent augmenter sa haine contre les humains, et court s'enfoncer dans un désert. Arnolphe et les autres jaloux, parce qu'ils ont usé des plus mauvais moyens possibles pour s'assurer l'amour ou la fidélité d'une femme, ne voient rien de mieux à faire que de renoncer à toutes. Argan est si peu détrompé de la médecine, qu'il finit par se faire médecin lui-même. M. Jourdain est si peu désabusé de ses rêves de grandeur, qu'il se retire en croyant avoir marié sa fille au fils du grand Turc. Chrysale couronne dignement son rôle, en donnant ses ordres avec vigueur, quand il voit que personne ne lui résiste plus. Enfin, Harpagon, consentant au mariage de ses deux enfans, exige que le beau-père futur fasse les frais des deux noces, lui fournisse un habit neuf pour y figurer décemment, et, par-dessus le marché, paie les écritures du commissaire que lui-même il a fait venir.

Cet écrit, où sont analysées toutes les qualités et toutes les opérations du génie de Molière, seroit incomplet s'il n'y étoit fait aucune mention de son style. Par le style, il faut entendre ici, non pas le langage propre à chaque personnage, suivant son âge, son sexe, sa condition et son caractère donné, mais la diction même de l'auteur, appliquée à l'ensemble de ses productions. Sous le premier rapport, le poëte comique doit se garder d'avoir un style à lui, qu'il prête indistinctement à tous ses personnages; il faut, au contraire, que chacun d'eux ait le sien. Mais, de quelque différence qu'il marque leurs différens langages, il ne peut s'empêcher de les empreindre tous des qualités particulières de sa diction, plus ou moins correcte, plus ou moins élégante, plus ou moins énergique. Personne n'a contesté à Molière le don d'approprier le fond, la forme et le mouvement des sentimens et des idées, soit à l'espèce, soit à la situation des personnes qu'il met en scène. Mais d'excellens juges ont attaqué sa manière d'écrire. La Bruyère lui reproche le *jargon*, le *barbarisme* et le défaut de pureté. Fénelon dit : « En pensant bien, « il parle souvent mal ; il se sert des phrases les plus « forcées et les moins naturelles. Térence dit en quatre « mots, avec la plus élégante simplicité, ce que celui- « ci ne dit qu'avec une multitude de métaphores qui « approchent du galimatias. J'aime bien mieux sa prose « que ses vers. » Ce sont là des reproches un peu durs, et qui ne sont pas exempts d'exagération. Dans le dessein de les repousser, des critiques, inconsidérément zélés pour la gloire de Molière, étendant à tous ses personnages sans distinction ce qui est vrai seulement de quelques rôles de paysans ou d'étrangers, ont prétendu que, afin de mettre plus de naturel et de vérité dans son dialogue, il avoit enfreint volontairement les lois du bon usage et même les règles de la langue. La raison désavoue cette apologie dont n'a pas besoin la mémoire d'un grand homme. Nous pouvons avouer que, dans ses vers surtout, il a manqué souvent et sans le vouloir à la régularité des constructions et à la propriété des termes, mais moins souvent toutefois qu'on ne le croit communément, faute de bien connoître l'état de la langue à l'époque où il écrivoit. Nous pouvons avouer aussi qu'il lui arrive quelquefois de présenter sa pensée, toujours si juste et si vraie, sous des formes embarrassées, confuses ou pénible-

ment figurées; et cela, sans doute, parce que la pré-
cipitation forcée de son travail ne lui permettoit pas
alors de la dégager de ces voiles, de ces nuages dont
souvent sont enveloppées d'abord les conceptions des
esprits les plus prompts et les plus faciles. Mais si le
but, si le triomphe du langage est d'exprimer pleine-
ment les idées, et de les faire passer, avec toute leur
force ou toute leur délicatesse, de l'esprit qui les conçoit, dans l'esprit qui les doit recevoir; si, enfin, le
meilleur des styles n'est pas tant celui qui a les moindres défauts que celui qui a les plus grandes beautés,.
quel style pourroit être justement préféré à celui de
Molière? En existe-t-il un qui soit plus plein, plus
nerveux, plus animé, plus pittoresque, où brillent
davantage la saillie, la vivacité et l'audace heureuse
des tours et des expressions?

Il me reste à parler de Molière comme imitateur
des autres écrivains. Il existe, en littérature, une sorte
de droit public, qui détermine et gradue les différentes
espèces d'imitations. Les unes sont des conquêtes glo-
rieuses; les autres sont des impôts légitimes; d'autres,
enfin, sont des pilleries effrontées ou des larcins hon-
teux. De cette dernière espèce, Molière n'en a certainement aucune à se reprocher; mais peu d'écrivains,
il en faut convenir, ont aussi largement usé du droit
d'employer les idées d'autrui. Il imita l'antiquité, ainsi
que l'ont fait nos plus illustres auteurs; il mit à con-
tribution les théâtres étrangers; il alla fouiller dans
les plus vieilles archives de la malice et de la gaieté
françoise, et il ne se fit pas même scrupule de s'ap-

proprier d'heureux traits appartenant à des écrivains de son pays et de son temps. La scène la plus gaie des *Fourberies de Scapin* et la scène la plus forte peut-être de *l'Avare* ont été empruntées par lui, l'une à Cyrano de Bergerac et l'autre à Boisrobert. *Cette scène est bonne*, disoit-il, *je m'en empare : on reprend son bien où on le trouve.* C'étoit son bien, en effet, qu'une bonne scène de comédie. Avoit-il manqué de génie pour l'inventer lui-même? Non, assurément. En enlevoit-il la gloire à celui qui l'avoit imaginée? Loin de là; l'emprunt révéloit tout le prix de l'objet, et la copie honoroit l'original. Ce qui étoit bon, il le rendoit excellent; ce qui étoit enfoui, il le mettoit en lumière : de tels plagiats sont des inventions; de tels larcins sont des bienfaits publics. C'est ici, peut-être, le lieu de repousser une prétention exorbitante formée par une nation étrangère. Si l'Italie en étoit crue, c'est à son théâtre que Molière devroit presque tous les sujets dont il a enrichi le nôtre. Elle allègue des canevas qu'elle ne peut pas montrer, et quelques comédies qu'elle devroit peut-être souhaiter qu'on ne connût pas. La France attend qu'elle produise les originaux de *l'École des Femmes* et de *Tartuffe*, du *Misanthrope* et des *Femmes savantes*, du *Bourgeois gentilhomme* et du *Malade imaginaire*. Le sujet de deux ou trois des premières comédies de Molière, ses moins bonnes sans contredit, et quelques jeux de théâtre dérobés par lui à l'excellente pantomime de Scaramouche, c'est à quoi se réduit cette dette usurairement grossie par l'Italie, qui ne songe pas quelles réclamations nous serions en droit d'élever à notre tour [1]. Je le répète, Molière, dont l'esprit, ainsi que je l'ai dit ailleurs, sembloit assimiler à sa propre substance tout ce qui s'offroit à lui de comique dans les livres comme dans le monde, Molière fut un des écrivains qui ont le plus mis à profit les pensées des autres. Mais aussi de combien d'ouvrages les siennes n'ont-elles pas été le germe ou l'ornement! Il est de vastes réservoirs qui, recueillant toutes les eaux du ciel et de la terre, les répandent au loin dans les contrées qu'ils dominent. C'est à peu près ainsi que Molière, réunissant à tous les trésors du génie toutes les richesses de l'étude, est devenu, pour ses nombreux successeurs, comme une source commune où ils ont puisé, où ils puisent, où ils puiseront toujours. Quelque part qu'on porte ses pas dans le domaine de la comédie, on est presque sûr d'y apercevoir au moins la trace des siens; et, si le danger de se rencontrer avec lui est grand, la diffi-

---

(1). J. B. Rousseau, écrivant à Brossette, qui se disposoit à donner une édition des OEuvres de Molière, avec Commentaires, l'avertissoit « d'être « bien en garde contre ce que les Italiens, toujours grands admirateurs « d'eux-mêmes, nous racontent des courses que Molière a faites sur leurs « terres... Il ne faut pas, ajoutoit-il, confondre les sujets qu'il a tirés de « Boccace, qui est une source excellente, avec ceux qu'il a pu tirer des co- « médies italiennes, où, à la réserve de deux ou trois, il n'a rien trouvé « sûrement qui méritât d'être embelli. L'obligation qu'il a aux Italiens, et « qui est véritablement fort grande, c'est d'avoir pris chez eux seuls l'idée « du jeu muet, dont il a enrichi son théâtre. » Rousseau dit ailleurs : « Ex- « cepté le sujet du *Dépit amoureux* et celui du *Cocu imaginaire*, qui ne « sont pas assurément ce qu'il a fait de meilleur, je défie qu'on m'en trouve « un seul dont il ait l'obligation aux Italiens. »

culté de l'éviter tout-à-fait est peut-être plus grande
encore.

La comédie d'intrigue, la comédie de caractère et la
comédie de mœurs; le comique noble, le comique
bourgeois et le comique populaire, tous les genres
dans lesquels l'art se divise, toutes les formes qu'il
peut affecter, tous les tons qu'il peut prendre, Molière en a donné des exemples qui ont presque tous été
des modèles. Son *Étourdi* est demeuré le chef-d'œuvre
de la comédie d'intrigue; et le reste de son théâtre té-
moigne de sa supériorité dans tous les autres genres,
ou plutôt dans ce genre composé de tous, qui réunit
leurs divers mérites, la vivacité de l'intrigue, la vérité
des caractères et l'exactitude des mœurs. Ce n'est pas
tout. Le jour fixé pour une fête que vouloit donner à
son roi un fastueux surintendant ne lui permettant pas
de composer une véritable comédie, il fait succéder
les unes aux autres des scènes épisodiques qu'un lien
léger rassemble, et il donne *les Fâcheux*, la première
et la meilleure des *pièces à tiroir*. Dans une autre circonstance, voulant amuser la cour et employer les arts
aimables qui égaient et animent ses pompes, il ima-
gine de lier à une action dramatique les agrémens de
la danse et du chant : la *comédie-ballet* est inventée;
et c'est peut-être à ce genre abandonné que l'opéra
comique doit sa naissance. Plusieurs fois, pour satis-
faire aux goûts ou même aux ordres d'un prince qui
aimoit à porter la grandeur jusque dans ses plaisirs,
il s'exerça, sur les traces de Corneille, dans le genre
de la *comédie héroïque*; et je ne sais si le peu de suc-

cès qu'obtint, dans ce genre si faux, ce génie si naturel, ne doit pas entrer pour quelque chose dans son éloge. Toutefois, en sortant de sa vraie route, Molière ouvrit celle où devoit se distinguer plus tard un esprit singulier qui mit sur la scène l'analyse subtile des mouvemens du cœur humain, et la marche imperceptible d'une passion qui s'ignore ou veut se cacher à elle-même. Molière *n'est point allé jusqu'au drame*, comme le lui a reproché un auteur hétérodoxe du dernier siècle; mais il a fait plus, il a fait mieux : il a montré, dans le chef-d'œuvre de *Tartuffe*, comment, sans faire grimacer l'aimable visage de Thalie, on peut à la fois faire naître le rire et couler les pleurs, obtenir la pitié que sollicite l'infortune et provoquer la moquerie que mérite le ridicule; comment surtout, en peignant un scélérat, on peut tempérer l'horreur que cause la hideuse dépravation de son ame, par la gaieté qu'excite la plaisante difformité de son masque.

J'aurois voulu retracer l'histoire de la comédie, depuis Molière jusqu'à nos jours. J'aurois dit comment, après la mort de ce grand homme, elle ne tarda guère à dégénérer. Je l'aurois montrée, spirituelle et plaisante avec Regnard, mais sans vérité de caractères ni de mœurs; ingénieuse et originale avec Dufresny, mais d'une gaieté trop peu naturelle, et d'une finesse un peu trop subtile; vive et franche avec Dancourt, mais peignant les travers du jour avec plus de fidélité que de profondeur, et s'attachant trop à la circonstance pour que ses tableaux fussent d'un intérêt durable. Après avoir payé mon tribut d'estime au *Grondeur* et à *l'Avocat patelin*, ouvrages de la bonne école, et avoir rendu un éclatant hommage à *Turcaret*, dont le sujet fut indiqué par Molière, et dont l'exécution semble être une émanation de son génie, j'aurois parcouru ces temps de décadence progressive, où Thalie, sérieuse avec Destouches, et métaphysicienne avec Marivaux, finit par pleurer avec La Chaussée. De *la Métromanie*, chef-d'œuvre de force comique, où malheureusement le travers principal est trop particulier pour que la peinture en soit utile et agréable au grand nombre, et du *Méchant*, chef-d'œuvre d'élégante diction, où un vice, heureusement passé de mode, s'exprime dans un langage qui est tombé de même en désuétude, je serois arrivé à cette époque d'humiliation, où, tout étant dégradé, rapetissé, appauvri, les institutions et l'esprit public, l'honneur et la morale, les lettres et les arts, la comédie, image trop fidèle de la société, ne reproduisoit plus que des caractères effacés, des mœurs relâchées, des vices de convention, des ridicules de coterie et un langage factice. J'aurois alors fait voir comment, à la faveur d'un peu de ressort rendu aux mœurs publiques et privées par l'exemple du vertueux Louis XVI, deux jeunes auteurs, unis d'amitié [1], ont ramené sur la scène la franchise et la gaieté, compagnes naturelles de la bonne conscience et du bon esprit, et ont fondé cette école nouvelle [2], dont les talents trouveront toujours assez de

---

(1) MM. Collin d'Harleville et Andrieux.

(2) MM. Picard, Duval, Étienne, Roger, de La Ville, Casimir de La

matière, quand le gouvernement voudra sentir assez sa force pour ne pas les craindre. J'aurois peint avec plaisir le tableau dont je viens de donner une esquisse légère; mais je ne dois pas reculer volontairement et sans nécessité les limites d'un sujet déja bien étendu pour mes forces. Ce sujet étoit Molière et son génie : je m'estimerai trop heureux si l'image que j'en ai tracée n'est pas jugée tout-à-fait indigne du modèle.

Peu de paroles doivent suffire pour assigner à Molière la place qui lui appartient parmi les hommes de génie qui ont instruit ou charmé l'univers. En tous les genres de littérature, nos prosateurs et nos poëtes ont été les disciples des écrivains de l'antiquité : quelques-uns les ont égalés; peu les ont surpassés; il a suffi à la gloire du plus grand nombre de ne pas rester trop au-dessous d'eux. En tous les genres encore, nos auteurs trouvent, dans ceux des autres nations modernes, des rivaux à qui tantôt ils disputent, tantôt ils enlèvent, tantôt ils cèdent la supériorité. Par la plus glorieuse exception, Molière ne rencontre, en aucun temps, en aucun lieu, ni émule, ni vainqueur. La Grèce et Rome n'ont rien qui lui puisse être comparé : leurs plus fanatiques adorateurs en conviennent. Les peuples nouveaux n'ont rien qu'ils lui puissent opposer : eux-mêmes le reconnoissent sans peine. Pour lui seul, on s'est dépouillé de tout préjugé littéraire, de toute prévention nationale; et tous les pays, comme

---

Vigne, Casimir Bonjour, et de plus jeunes auteurs qui promettent de suivre dignement leurs traces.

DISCOURS

tous les siècles, semblent unir leurs voix pour le proclamer l'auteur unique, le poëte comique par excellence [1].

---

[1] Je ne puis m'empêcher de raconter ici une anecdote que je tiens de Michot, cet acteur si naturel, si franchement comique, qui est mort, il y a peu de temps, retiré du théâtre depuis quelques années. En 1800, Kemble, le fameux acteur anglois, vint à Paris. Les comédiens du Théâtre-François lui firent fête, et, entre autres politesses, lui donnèrent un dîner splendide. On y parla beaucoup des grands auteurs et des grands acteurs qui ont illustré la scène de Paris et celle de Londres. Il étoit difficile qu'on n'en vînt pas à disputer un peu sur la prééminence de l'un ou de l'autre pays, sous le rapport de l'art dramatique. Il s'agit d'abord de la tragédie. On dit, de part et d'autre, de fort belles choses sur les deux systèmes et sur les principaux chefs-d'œuvre auxquels ils ont donné naissance. De la question des ouvrages, on passa bientôt à celle des hommes et des époques. Nos comédiens citoient avec orgueil le vieux Corneille. L'Anglois opposoit, avec quelque avantage, Shakspeare plus vieux encore. « Messieurs, disoit-il à peu près, M. Corneille est sans doute un beau « génie; mais considérez qu'il étoit né d'un avocat-général à la table de « marbre de Rouen, qu'il avoit reçu une excellente éducation, et qu'enfin « Malherbe étoit déja venu donner des lois à votre Parnasse. Shakspeare, « au contraire, fils d'un pauvre marchand de laine du comté de Warwick, « n'ayant fait presque aucune étude, long-temps réduit à garder des che- « vaux à la porte d'une salle de spectacle, et vivant dans un siècle à demi- « barbare, Shakespeare tira tout de lui-même, et s'éleva, sans aucun « secours, à une telle hauteur, que, dans les temps même de savoir et de « politesse, il n'a été donné à personne de l'égaler. » Nos comédiens avoient sans doute d'excellentes raisons à opposer, et ils étoient gens à les bien faire valoir; mais, la courtoisie les obligeant à ne point trop pousser l'étranger à qui ils faisoient honneur, ils sembloient perdre du terrain et renoncer à la victoire, lorsque Michot, venant au secours de la France qui périclitoit, éleva solennellement la voix, et dit à Kemble : « Fort bien, « monsieur, fort bien; mais Molière? que dites-vous de celui-là? » et Michot crut l'avoir atterré du coup. « Oh! pour Molière, répondit froide- « ment l'Anglois, c'est autre chose. Molière n'est pas un François. — « Comment! que dites-vous donc là? Molière est un Anglois, peut-être?

« — Non, Molière n'est pas non plus un Anglois. — C'est fort heureux !
« Mais, enfin, qu'est-il donc ? — C'est un homme. — Ah ! oui, comme
« dans *Tartuffe* :

> C'est un homme... qui... ah !.. un homme... un homme, enfin !

« — Je sais, je sais. Mais, non, messieurs, ce n'est pas là ce que je veux
« dire. — Qu'est-ce donc ? — Le voici. Je me figure, moi, que Dieu, dans
« sa bonté, voulant donner au genre humain le plaisir de la comédie, un
« des plus doux qu'il puisse goûter, créa Molière, et le laissa tomber sur
« terre, en lui disant : Homme, va peindre, amuser et, si tu peux, cor-
« riger tes semblables. Il falloit bien qu'il descendît sur quelque point du
« globe, de ce côté du détroit, ou bien de l'autre, ou bien ailleurs. Nous
« n'avons pas été favorisés : c'est de votre côté qu'il est tombé. Qu'im-
« porte ? Je soutiens qu'il est à nous aussi-bien qu'à vous. Est-ce vous
« seulement qu'il a peints ? est-ce vous seulement qu'il amuse ? Non : il a
« peint tous les hommes, tous font leurs délices de ses ouvrages, et tous
« sont fiers de son génie. Les petites divisions de royaumes et de siècles
« s'effacent devant lui. Tel ou tel pays, telle ou telle époque n'ont pas le
« droit de se l'approprier. Il appartient à l'univers ; il appartient à l'éter-
« nité. » On pense bien que nos comédiens n'eurent rien à répliquer. L'orgueil britannique, se condamnant à l'absurde plutôt que d'avouer notre
avantage, et ne le niant que pour le mieux reconnoître, venoit de rendre
au génie de Molière et à la gloire de la France l'hommage le plus flatteur
qu'ils pussent recevoir.

VIE DE MOLIÈRE.

Cette *Vie de Molière*, dans sa médiocre étendue, comprend tous les faits qui offrent quelque intérêt et quelque garantie : elle n'exclut que les particularités trop futiles, ou venant de sources trop suspectes, que d'autres ont recueillies avec une diligence malheureuse. Mon récit est donc complet. Il eût peut-être gagné à se présenter seul, et j'ose même souhaiter qu'il soit lu sans interruption. Je me suis décidé néanmoins à l'accompagner de notes assez nombreuses, et j'en vais dire le motif. Dans la concision, dans la rapidité de ma narration, j'ai souvent indiqué ou plutôt rappelé par un seul membre de phrase, même par un seul mot, tel fait littéraire, telle anecdote personnelle, tel trait enfin de l'histoire politique ou morale de l'époque, dont j'ai pu croire que le lecteur étoit informé. Ces expressions qui font allusion à des faits, et quelquefois suscitent tout un ordre d'idées, plaisent aux personnes instruites dont elles sollicitent les souvenirs, et aux personnes réfléchies dont elles exercent l'esprit. Mais il est d'autres lecteurs qui savent moins, ou qui ne se souviennent pas aussi bien ; il en est d'autres encore qui n'admettent volontiers un fait que quand on leur en allègue la preuve, une citation que quand on leur en indique la source. C'est pour apporter à ceux-ci les autorités qu'ils aiment, et pour donner à ceux-là les explications dont ils ont besoin, que j'ai fait un si grand nombre de notes. J'y ai aussi trouvé cet avantage, qu'en donnant quelques détails biographiques sur tous les hommes remarquables avec qui Molière eut des rapports, je faisois, de la Vie de ce grand poëte, une sorte d'histoire abrégée de l'époque glorieuse dont il fut un des plus rares ornemens. J'ai cru ce petit préambule nécessaire pour repousser loin de moi tout soupçon de m'être complu à transcrire ce qu'on pouvoit trouver dans d'autres livres. De toutes les pédanteries et de toutes les vanités, celles de la compilation sont les plus ridicules que je connoisse.

VIE DE MOLIÈRE.

Plusieurs des circonstances essentielles de la naissance de Molière ont été plus qu'inexactement rapportées jusqu'à nos jours. Ses nombreux biographes, dont les témoignages peuvent se réduire à un seul, celui du premier d'entre eux, répété fidèlement par tous les autres, le faisoient naître en 1620, dans une maison située sous les piliers des Halles, que son buste, accompagné d'une inscription, désigne encore comme celle où il a reçu le jour. Tous aussi lui donnoient pour mère Anne Boutet ou Boudet. Ce sont autant d'erreurs. Un homme [1], admirateur passionné de Molière, infatigable et scrupuleux dans ses recherches, a fait sortir la vérité ensevelie, depuis plus de deux siècles, dans la poussière de ces vastes dépôts où sont entassés les titres civils des innombrables

---

[1] M. Beffara, auteur d'une *Dissertation sur J.-B. Poquelin-Molière, sur ses ancêtres, l'époque de sa naissance*, etc. Paris, 1821. Je ne saurois témoigner à M. Beffara trop de reconnoissance pour l'empressement et le zèle qu'il a mis à me fournir tous les renseignemens qui pouvoient m'aider dans mon travail. Je lui dois, entre autres documens précieux, la généalogie de la branche des Poquelin dans laquelle Molière est né. On en trouvera ci-contre un tableau abrégé.

générations qui se sont succédé dans la capitale. Des extraits d'actes de naissance, de mariage et de décès, parfaitement d'accord entre eux, constatent que Molière naquit ou du moins fut baptisé le 15 janvier 1622, sous le nom de Jean [1]; que son père, Jean Poquelin, tapissier, demeuroit alors rue Saint-Honoré, probablement près la croix du Trahoir, et que sa mère, fille d'un autre tapissier, demeurant aux Halles, se nommoit Marie Cressé [2]. Ces découvertes ont en soi peu d'importance;

---

(1) On pourroit remarquer que Molière signa, toute sa vie, *Jean-Baptiste*, et qu'ainsi il pourroit bien ne pas être l'enfant qui fut baptisé sous le nom de *Jean* seulement. L'objection seroit sans fondement. L'église reconnoît principalement deux saints du nom de *Jean*, savoir, Jean Baptiste, et Jean l'Évangéliste. On peut indifféremment joindre ou ne joindre pas à leurs noms les qualifications qui les distinguent; et la fête de Saint-Jean-Baptiste est appelée simplement, *la Saint-Jean*. Santeul, de même que Molière, fut toujours appelé *Jean-Baptiste*, et son extrait de baptême porte le nom de *Jean* seulement.

(2) Extrait baptistaire de Molière, tiré des registres de la paroisse Saint-Eustache.

« Du samedi 15 janvier 1622, fut baptisé Jean, fils de Jean Poquelin, « tapissier, et de Marie Cressé, sa femme, demeurant rue Saint-Honoré: « le parrain, Jean Poquelin, porteur de grains; la marraine, Denise Les- « cacheux, veuve de feu Sébastien Asselin, vivant marchand tapissier. »

Dans cet acte de baptême, le jour de la naissance n'est point indiqué. M. Picard, mon ami et mon confrère à l'Académie Françoise, frappé de cette omission, y voit une raison de s'en tenir à la tradition qui fait naître Molière en 1620. Mais, suivant un acte, découvert aussi par M. Beffara, le père et la mère de Molière furent fiancés et mariés neuf mois avant l'époque de son baptême. Faudroit-il donc croire, 1° qu'il fût né plus d'un an avant le mariage de ses parens ? 2° que ceux-ci, en se mariant, eussent négligé de le reconnoître et de le faire baptiser ? Il est cent fois plus naturel de penser qu'il y eut négligence de la part du prêtre, rédacteur de l'acte.

elles n'ajoutent rien à la gloire de Molière, que rien ne peut augmenter; mais cette gloire même les protége de son éclat, et elle doit en rehausser le prix à tous les yeux.

Le jeune Poquelin, à qui son père vouloit transmettre en même temps son état et sa charge de valet-de-chambre-tapissier du roi, reçut une première éducation conforme à cette destination. Outre son métier, dont il fit l'apprentissage dans la boutique de son père, il ne savoit encore, à quatorze ans, que lire, écrire et compter autant qu'il le falloit pour les besoins d'une telle profession. Heureusement il avoit un grand-père maternel qui aimoit fort la comédie, et le menoit souvent à l'Hôtel de Bourgogne. Il est permis de croire que cette circonstance, tout accidentelle, ne fut pas sans influence sur sa destinée. Qui pourroit dire ce que fût devenu son génie, si, entièrement renfermé dans les travaux d'une industrie purement matérielle, il fût arrivé ainsi jusqu'à cet âge où les plus heureuses dispositions s'oblitèrent faute d'exercice, et périssent ignorées de celui même qui en étoit doué? On a dit que l'aspect d'une horloge avoit révélé à Vaucanson, dans son jeune âge, qu'il étoit né pour la mécanique. Comment, à la vue des jeux du théâtre, l'enfant qui devoit être un jour Molière, n'auroit-il pas éprouvé quelques transports sympathiques, et, pour ainsi dire, reçu quelques avertissemens intérieurs? Quoi qu'il en soit, il conçut dès lors un invincible dégoût pour son état, et un désir ardent d'acquérir l'instruction dont il se sentoit privé. Il sollicita, et il obtint de ses

parens, non sans beaucoup de peine, qu'ils le fissent étudier. Placé dans une pension, il suivit, comme externe,
les cours du collège de Clermont, devenu depuis le collège de Louis-le-Grand, et dirigé dès lors par les jésuites.
Sa bonne fortune lui donna pour camarade de classes
Armand de Bourbon, prince de Conti [1], de qui nous
le verrons recevoir plus tard quelques marques utiles
d'un souvenir affectueux. Ce fut aussi un bonheur pour
lui d'avoir Chapelle [2] pour condisciple. Il lui inspira un
attachement plus profond, plus dévoué que ne sembloit
le comporter l'insouciante légèreté de son caractère, et
il dut à cette liaison l'inestimable avantage d'entendre
les leçons d'un des plus grands philosophes de cette
époque. Chapelle étoit fils naturel de Luillier, riche
magistrat, qui, ne pouvant lui laisser son nom, avoit
voulu lui laisser mieux encore, le moyen de s'en faire
un. Luillier avoit donné à son fils pour précepteur le

---

(1) Armand de BOURBON, prince de CONTI, né à Paris en 1629, et
mort à Pézénas en 1666. Il étoit frère du grand Condé et de la duchesse
de Longueville. Foible et contrefait, il avoit étudié la théologie pour
entrer dans l'Église. Il y renonça pour faire la guerre civile ; et, après avoir
combattu contre son frère, il fut enfermé au Havre avec lui par ordre de
Mazarin. Vers la fin de sa vie, il tomba dans une dévotion excessive. Ce
fut alors qu'il composa un *Traité de la Comédie et des Spectacles, selon
la tradition de l'Église,* qui ne fut imprimé qu'après sa mort, Paris, 1667,
in-8°.

(2) Claude-Emmanuel LUILLIER CHAPELLE, né en 1616, près Paris, au
village de La Chapelle, dont le nom lui fut donné, et mort à Paris en
1686. Sa liaison avec Molière et son *Voyage* avec Bachaumont l'ont rendu
célèbre. Il en sera parlé plus loin avec plus de détail.

célèbre Gassendi [1], et pour compagnon d'études un enfant pauvre, Bernier [2], que devoient rendre fameux un jour ses voyages dans l'Inde. Gassendi, frappé de l'intelligence vive et pénétrante du jeune Poquelin, l'admit aux leçons particulières qu'il donnoit à ses deux élèves. Hesnault [3], connu de la postérité par quelques

---

(1) Pierre GASSENDI, né près de Digne en 1592, mort à Paris en 1655. Il fut l'adversaire de la philosophie de Descartes et le restaurateur de la philosophie d'Épicure. J.-B. Morin, l'astrologue, qui écrivit contre lui, l'accusoit de partager les sentimens d'Épicure en ce qui concerne la religion; et, comme on lui objectoit la piété exemplaire de Gassendi, il répondoit : « C'est qu'il dissimule, *metu atomorum ignis* (dans la crainte des « atomes du feu). »

(2) François BERNIER, né à Angers, et mort à Paris en 1688. Après avoir étudié la médecine, il se mit à voyager. Il séjourna douze ans dans l'Inde. A son retour, Louis XIV lui demanda quel étoit, de tous les pays qu'il avoit vus, celui qu'il aimeroit le mieux habiter. *La Suisse, Sire*, répondit-il. Le roi lui tourna le dos. Ses *Voyages* sont toujours estimés : il n'en est pas de même de son *Abrégé de la Philosophie de Gassendi*, en sept volumes. Il disoit à Saint-Évremont, en parlant de la mortification des sens : *Je vais vous faire une confidence que je ne ferois pas à madame de La Sablière, à mademoiselle de L'Enclos même, que je tiens d'un ordre supérieur : je dirai que l'abstinence des plaisirs me paroît un grand péché.* Pourquoi auroit-il craint de faire cette confidence à Ninon? il eût peu risqué d'être contredit. Il habita, ainsi que La Fontaine, chez madame de La Sablière, et il aida Boileau dans la composition du fameux Arrêt burlesque contre une inconnue nommée la Raison.

(3) Jean HESNAULT, fils d'un boulanger, né à Paris, et mort dans cette ville, en 1682. On a de lui quelques pièces de vers dont les plus célèbres sont l'Invocation à Vénus, traduite de Lucrèce, le sonnet de l'Avorton, et un autre sonnet, meilleur, quoique moins fameux, que lui inspira contre Colbert la disgrace de Fouquet, dont il étoit le protégé. On parla de ce sonnet à Colbert, qui demanda si le roi y étoit offensé. *Non*, lui

vers heureux, fut appelé aussi à les partager. Cyrano de Bergerac [1], avec la confiance présomptueuse et entreprenante commune à tous les hommes de son pays, vint s'y associer de lui-même, et fut toléré malgré son humeur déja turbulente. Molière, dans la suite, lui prit deux scènes de sa comédie du *Pédant joué :* c'étoit comme une suite de cette habitude qu'ont au collége les enfans liés entre eux d'amitié de mettre en commun tout ce qu'ils possèdent ; et Molière appeloit cela lui-même *reprendre son bien où il le trouvoit.* Les cinq condisciples profitèrent tous, mais diversement et chacun à sa manière, des sages et savans entretiens de Gassendi. Bernier écrivit, pour la défense du système des atomes, de nombreux volumes qui ne le soutinrent pas, et qui tombèrent eux-mêmes dans l'oubli. Cyrano, puisant à cette source de fausses notions de physique qu'il mêloit aux créations burlesques de son imagination, parcourut en esprit *les États et Empires* de la Lune et du Soleil. Hesnault, traduisant en vers l'Invocation à Vénus, de Lucrèce, et tout ce que présentent en faveur du matérialisme les chœurs de Sénèque le tragique, se fit soup-

---

répondit-on. *Je ne le suis donc pas,* reprit-il. Hesnault passe pour avoir enseigné à madame Déshoulières l'art de la poésie.

(1) Savinien CYRANO DE BERGERAC, né vers 1620 en Périgord, et mort à Paris en 1655. Il étoit fort brave et fort querelleur. On le soupçonna d'impiété : quelques vers, en effet, très-hardis de sa tragédie d'*Agrippine* pouvoient y avoir donné lieu. Sa comédie du *Pédant joué,* représentée en 1654, eut beaucoup de succès. Ses autres ouvrages sont un *Voyage de la Lune* et une *Histoire comique des États et Empires du Soleil.*

çonner, pour le moins, d'un vif attachement au dogme d'Épicure, qui nioit la Divinité, ou la condamnoit à l'incurie [1]; et Chapelle, n'ayant guère retenu des préceptes de ce grand philosophe, que celui qui prescrivoit la volupté, l'interpréta, dans sa vie comme dans ses vers, plutôt à la manière d'Horace qu'à celle de Gassendi. Molière fut incontestablement celui qui sut faire le meilleur choix dans la doctrine du sage de Samos, enseignée par le théologal de Digne. En écoutant l'homme qui avoit combattu, et souvent avec succès, Aristote et Descartes, ces deux grandes puissances rivales de la philosophie antique et de la philosophie moderne, il contracta l'habitude de ne soumettre sa raison à aucune autre autorité qu'à celle de la vérité démontrée. La morale d'Épicure, presque également calomniée par ses sectateurs et par ses adversaires, mais vengée des uns et des autres par les écrits et surtout par les mœurs du vertueux Gassendi, cette morale fut celle que le jeune Poquelin adopta dès lors, et qu'il professa toujours. Quant à la physique des atomes, pour être plus ancienne que celle des tourbillons, elle ne dut pas lui en paroître moins chimérique; et tout porte à

_____

(1) Suivant Bayle, « Hesnault se piquoit d'athéisme, et faisoit parade « de son sentiment avec une fureur et une affectation abominable. Il avoit « composé trois différens systèmes de la mortalité de l'ame, et avoit fait « le voyage de la Hollande exprès pour voir Spinosa... A sa mort, les « choses changèrent bien : il se convertit, et vouloit porter les choses à « l'excès. » Il paroît qu'il avoit entrepris, ainsi que Molière, de traduire en entier le poëme de Lucrèce. Il sacrifia, dit-on, son travail par un scrupule de religion; et, si l'Invocation à Vénus a été conservée, c'est que des amis de l'auteur en avoient des copies entre les mains.

croire que, sur ce point, il ne demeura pas fidèle aux
enseignemens de son maître. Il lui en resta toutefois une
certaine prédilection pour le poëme de Lucrèce, dont
il entreprit la traduction, probablement après sa sortie
du collége. Ayant senti avec raison que les détails philosophiques ne se prêteroient pas, sans de trop grands
sacrifices, à recevoir les formes de notre poésie, il s'é-
toit, dit-on, contenté de les exprimer en une prose
fidèle, et il avoit réservé le langage des vers pour les seules
descriptions poétiques. On a raconté qu'un valet ayant
déchiré par mégarde quelques feuillets de cette traduction, il jeta au feu, de dépit, tout ce qu'il en avoit fait.
Il importe peu de savoir au juste comment fut perdu un
ouvrage peu regrettable sans doute. Molière sembloit
lui-même en être médiocrement satisfait. Un jour qu'il
devoit en faire lecture en société, on pria d'abord Boileau de réciter sa satire II, adressée à Molière même [1].
Molière, craignant alors que sa traduction ne fût pas
assez belle pour soutenir les louanges qu'il venoit de
recevoir, ne voulut plus la lire, et fit entendre à la place
le premier acte de la comédie du *Misanthrope*, à laquelle
il travailloit en ce moment, et où, pour le dire en pas-

---

(1) C'est dans cette satire que Boileau dit, en parlant d'un esprit su-
blime :

Il plait à tout le monde, et ne sauroit se plaire.

A cet endroit, Molière dit à Boileau, en lui serrant la main : *Voilà la
plus belle vérité que vous ayez jamais dite. Je ne suis pas du nombre de
ces esprits sublimes dont vous parlez ; mais, tel que je suis ; je n'ai rien
fait en ma vie dont je sois véritablement content.*

sant, sont placés les seuls vers qu'il ait conservés de cette traduction.

Entré au collége presque à l'âge où communément on est près d'en sortir, le jeune Poquelin, dont l'intelligence, naturellement supérieure à celle de ses condisciples, étoit aussi plus formée, avoit, en cinq années, fourni toute la carrière des études, depuis les premières humanités jusqu'à la philosophie inclusivement.

Dès qu'il fut rentré dans la maison de son père, celui-ci, qui ne pouvoit plus, à cause de ses infirmités, remplir sa charge de valet-de-chambre-tapissier du roi, lui en fit obtenir la survivance et exercer les fonctions. Il fut obligé, en conséquence, de suivre Louis XIII dans le voyage que ce prince fit à Narbonne, en 1642. La cour, à cette époque, étoit un théâtre d'intrigues sanglantes. La conspiration de Cinq-Mars venoit d'être découverte. Cet imprudent favori d'un roi pusillanime fut abandonné par lui à un ministre despotique et implacable, qui sembloit avoir moins à cœur de punir les complots contre l'état que les entreprises contre son pouvoir. Richelieu, traînant sur le Rhône, de Tarascon à Lyon, sa victime enchaînée sur un bateau remorqué par celui qui le portoit lui-même ; Cinq-Mars décapité sans obtenir un regret de son maître, qui, la montre en main, attendoit l'instant précis où devoit tomber sa tête [1] ; le jeune de

_____

[1] Le roi, qui appeloit son favori, *cher ami*, dit, en tirant sa montre à l'heure marquée pour l'exécution : *Je crois que cher ami fait à présent une vilaine mine.* C'est une anecdote transmise par les courtisans de ce temps-là.

Thou, subissant le même supplice pour n'avoir pas commis le plus lâche des crimes, celui de dénoncer son ami ; Monsieur, qui ne savoit que conduire les siens à l'échafaud et les y laisser [1], retombant dans la nullité honteuse d'où il n'auroit jamais dû sortir ; enfin, cette odieuse exécution terminée, le monarque et le ministre, tous deux moribonds, rentrant dans Paris pour y mourir tous deux à cinq mois de distance l'un de l'autre : tels sont les acteurs et les principaux incidens du drame politique auquel Poquelin assista. Bien jeune encore, mais doué du génie de l'observation, et chargé d'un service domestique qui l'approchoit de la personne du roi et de ses premiers courtisans, il ne manqua sûrement pas d'étudier le jeu des caractères, des intérêts et des passions qui s'agitoient sous ses yeux.

Poquelin revint à Paris avec la cour. D'après des témoignages dignes de confiance, il paroît qu'il alla étudier en droit aux écoles d'Orléans, et qu'il se fit recevoir avocat. Cette profession noble et généreuse pouvoit plaire à son cœur ; et ce talent de parler en public, qu'il sentoit en lui, et dont il aima, depuis, à faire preuve en toute occasion, sembloit lui promettre des succès dans la carrière du barreau. Mais, pour la gloire et les plaisirs de la France, une vocation plus réelle l'entraîna vers le théâtre.

---

(1) Gaston ayant donné la main à un de ses favoris qui avoit peine à descendre d'une espèce d'estrade sur laquelle il étoit monté, je ne sais quel grand seigneur lui dit : *Voilà*, Monsieur, *le premier de vos amis que vous ayez aidé à descendre de l'échafaud.*

La passion du cardinal de Richelieu pour les' amusemens dramatiques s'étoit communiquée à la nation; et,
de toute part, s'élevoient des théâtres particuliers où l'on
alloit applaudir indistinctement Rotrou et Desmarets,
Corneille et Scudéri. Poquelin réunit plusieurs jeunes gens
qui avoient ou croyoient avoir du talent pour la déclama-
tion. Cette société, qui éclipsa bientôt toutes les sociétés
rivales, fut appelée *l'Illustre Théâtre*. La troupe avoit
joué d'abord pour son amusement et celui des autres :
elle crut bientôt pouvoir mettre un prix au plaisir qu'elle
procuroit; mais, ce qu'elle auroit dû prévoir, les représentations payées furent beaucoup moins suivies que les
représentations gratuites. Poquelin fut, dès ce moment,
comédien de profession. Ce fut alors qu'il prit le nom
de Molière [1], afin sans doute que ses parens n'eussent
pas à lui reprocher de traîner et de prostituer le leur
sur des tréteaux. Si nous sourions aujourd'hui de cette
délicatesse bourgeoise, c'est par une espèce d'anachro-
nisme, c'est en déplaçant les époques et en confondant

---

[1] Voltaire dit qu'il y avoit déja un comédien appelé Molière, auteur
de la tragédie de *Polyxène*. Voltaire se trompe doublement. Le Molière
dont il parle n'étoit pas comédien, et sa *Polyxène* étoit un roman, et non
une tragédie. Racan a fait un sixain pour être mis en tête de cet ouvrage
(voir *OEuvres de Racan*, tome II, page 211). François de Molière, sieur
d'Essertines, auteur de *Polyxène*, publia, en 1620, un autre roman intitulé *la Semaine amoureuse*. Le nom de Molière fut aussi porté, du vivant
de Poquelin, par un homme *de la musique du roi*, dont j'ai lu quelques
méchans vers. Enfin, on voit figurer un autre Molière parmi les danseurs
de profession qui exécutoient, avec Louis XIV et les personnes de sa
cour, les ballets pour lesquels Benserade faisoit des vers.

les idées. Molière, à son début, n'étoit qu'un comédien sans renom et encore sans talent, légitime sujet d'inquiétude et de chagrin pour sa famille, dont l'honnête obscurité ne pouvoit prévoir quelle glorieuse illustration elle recevroit un jour de son génie comme poëte comique.

Les troubles de la Fronde vinrent interrompre ces jeux. Molière disparoît dans cette ridicule tempête, et ne doit plus se remontrer qu'à l'époque où l'autorité royale aura reconquis ses droits par des transactions plus victorieuses que ses armes.

Ce temps d'inaction, ou du moins d'obscurité, ne dut pas être perdu pour ses études comiques. Il avoit vu les dernières cruautés d'un ministre impétueux et inflexible : il fut témoin des artifices d'un ministre souple et patient, qui cédoit le terrain à ses ennemis sans rien perdre de son pouvoir; divisoit ceux qu'il n'avoit pu abattre; et se procuroit, en semant l'or et les promesses mensongères, des succès plus assurés que son terrible prédécesseur en répandant des flots de sang; qui, banni deux fois de la France, continuoit à la gouverner du fond de son exil; et, rentrant, aux acclamations universelles, dans la capitale où l'on avoit mis sa tête à prix, affermissoit et même ennoblissoit par la modération un triomphe obtenu par l'intrigue. Durant ces Saturnales de la Régence, la nation elle-même offroit le spectacle le plus curieux. Les sombres fureurs de la Ligue étoient loin; mais, des mains puissantes de Richelieu, les rênes de l'état ayant passé aux mains plus foibles de Mazarin,

les grands et les magistrats en sentirent trop la différence,
et, pouvant en jouir sagement, ils aimèrent mieux en
abuser. On déclara, au nom du roi, la guerre au roi
lui-même. Les grands, les princes se partagèrent entre
les deux camps. Des hommes de robe se firent hommes
d'épée. Un prélat, portant pour bréviaire un poignard,
fut colonel d'un régiment levé à ses frais. Une princesse,
cousine du jeune roi, devenue *générale d'armée*, eut
pour *maréchales de camp* des dames de son palais. D'autres femmes, faisant de l'amour une affaire de parti et
un instrument de faction, retiroient ou accordoient leurs
faveurs pour punir ou pour payer des défections politiques. Cependant les bourgeois sortoient de leurs maisons, les marchands de leurs boutiques, les artisans de
leurs ateliers, pour aller, soldats novices, se faire battre
à la première rencontre, et essuyer des railleries à leur
retour. Dans cette guerre, moitié sérieuse, moitié bouffonne, les poëmes satiriques et burlesques tenoient lieu
de manifestes et de relations; on lançoit autant d'épigrammes qu'on tiroit de coups de mousquet; et les cou-
plets de chanson consoloient les vaincus en faisant rire
aux dépens des vainqueurs. En ces jours de folie, de
désordre et d'intrigue, où tout étoit contraste, déplacement et confusion dans les hommes comme dans les
choses, où la France présentoit plutôt l'image d'une
troupe d'écoliers mutinés contre leur maître, que d'un
grand peuple révolté contre son souverain, que de vices,
de travers, de ridicules venoient étourdiment s'offrir aux
regards de Molière et provoquer son génie observateur!

On ignore à quelle époque précise il quitta Paris pour
parcourir la province. Des traditions peu certaines le
montrent à Bordeaux, de 1646 à 1650, recevant du duc
d'Épernon un accueil fort bienveillant, et faisant jouer
sans succès une tragédie de sa composition, intitulée *la
Thébaïde*, dont il donna plus tard le sujet et peut-être
le plan au jeune Racine. Les meilleurs comédiens de *l'Illustre Théâtre*, Duparc, dit Gros-René, les deux frères
Béjart et Madeleine Béjart, leur sœur, faisoient partie
de la troupe errante dont il étoit le chef. Ils alloient représentant de ville en ville les tragédies et les comédies
du temps. Molière, pour varier les plaisirs des spectateurs, composoit à la hâte de petites pièces bouffonnes,
qui étoient jouées *à l'improvisade*; comme les farces
italiennes, dont elles n'étoient souvent qu'une imitation.
On a récemment publié deux de ces pièces, les seules
qui aient été conservées, *le Médecin volant* et *la Jalousie
du Barbouillé*, dont l'une est l'ébauche du *Médecin malgré lui*, et l'autre le canevas du troisième acte de *George
Dandin*, et qui toutes deux offrent un certain nombre
de traits que Molière a transportés dans plusieurs de ses
comédies.

En 1653, Molière étoit à Lyon. Sa première comédie
régulière, *l'Étourdi*, y fut représentée avec beaucoup
de succès. A son arrivée dans cette ville, il y avoit trouvé
une autre troupe de comédiens, que le public abandonna
promptement pour la sienne, et dont les principaux sujets s'attachèrent à sa fortune.

Ce fou de d'Assoucy [1], *l'Empereur du burlesque*, couroit alors aussi la province, avec son luth, son théorbe, et ses deux petits pages ou *enfans de musique*, société suspecte qui lui valut les épigrammes de Chapelle, et, ce qui étoit beaucoup plus sérieux, un emprisonnement au Châtelet, d'où il faillit être envoyé en place de Grève. Il rencontra Molière à Lyon ; de là il le suivit à Avignon, puis à Pézenas [2], et enfin à Narbonne. Comme il perdoit

---

(1) Charles COYPEAU D'ASSOUCY, né à Paris vers 1604, et mort dans la même ville vers 1679, âgé d'environ soixante-quatre ans. Il s'appeloit lui-même *Charles d'Assoucy*, *Empereur du burlesque, premier du nom*. Il fût attaché, comme musicien et comme poëte, au service de la duchesse de Savoie, fille de Henri IV, ensuite à celui de Louis XIII et de Louis XIV enfant, qu'il divertissoit par ses vers bouffons. On a de lui, *l'Ovide en belle humeur, le Ravissement de Proserpine*, et *le Jugement de Pâris ;* en outre, un volume de *Rimes*, et quatre volumes de ses *Aventures* et de sa *Prison*.

(2) Molière, dit-on, pendant le temps qu'il joua la comédie à Pézenas, alloit tous les samedis, dans l'après-dînée, chez un barbier dont la boutique étoit ce jour-là, à cause du marché, le rendez-vous d'une foule d'hommes de la ville et de la campagne. Dans un coin de cette boutique, étoit un grand fauteuil de bois, auquel étoit fixé un tronc destiné à recevoir le prix des barbes. Molière s'emparoit de ce siége, et se chargeoit de faire la recette. Un tel passe-temps, assez peu digne de lui en apparence, n'étoit pas sans utilité pour son art. Il étudioit l'humeur, l'esprit, le langage, le geste des hommes de toute condition, qui venoient, pour ainsi dire, passer en revue devant lui. Le fauteuil en question existe encore à Pézenas ; et l'on croit, dans cette ville, au *fauteuil de Molière*, comme, à Montpellier, on croit à la robe de Rabelais. Il existe, à la Comédie françoise, un autre *fauteuil de Molière*. Suivant une tradition conservée dans la famille qui, depuis Molière même, a fourni des concierges au théâtre, ce fauteuil est celui où il s'est assis dans le rôle d'Argan. Il sert encore pour les représentations du *Malade imaginaire*.

toujours au jeu le peu d'argent qu'il avoit, la maison de
Molière et des Béjart devint la sienne. Il faut laisser
parler sa reconnoissance. « Quoique je fusse chez eux,
« dit-il, je pouvois bien dire que j'étois chez moi. Je ne
« vis jamais tant de bonté, tant de franchise, ni tant
« d'honnêteté que parmi ces gens-là, bien dignes de re-
« présenter réellement dans le monde les personnages
« des princes qu'ils représentent tous les jours sur le
« théâtre. » Après avoir vécu trois mois à Lyon, avec eux,
parmi les jeux, la comédie et les festins, il demeura *six
bons mois* encore à Pézenas, dans leur maison, qu'il appelle cette fois une *Cocagne;* et l'on a peine à concevoir
comment il put jamais se résoudre à *quitter ces charmans
amis* (1).

Armand de Conti, qui aimoit la comédie en homme

_____

(1) Ces détails sont tirés du chapitre IX des *Aventures de M. d'Assoucy,* 2 vol. in-12, Paris, 1677. On voit, dans un autre ouvrage du
même auteur, intitulé *Aventures d'Italie,* 1 vol. in-12, Paris, 1699, que
d'Assoucy et Molière se rencontrèrent aussi à Béziers. D'Assoucy raconte
qu'ayant fait chanter une chanson de sa composition, devant la duchesse
de Savoie, par Pierrotin, son page de musique, celui-ci, qui avoit perdu
la voix à force de boire, s'acquitta au plus mal de la commission; et il
ajoute : « Vous, M. de Molière, qui fîtes à Béziers le premier couplet de
« cette chanson, oseriez-vous bien dire comment elle fut exécutée, et l'hon-
« neur que votre Muse et la mienne reçurent en cette rencontre ? Oui, je
« vous le dirai, écoutez : qui a jamais ouï miauler un chat quand il donne
« une sérénade à sa maîtresse, ou grogner un cochon quand il fait un com-
« pliment à une truie, a ouï chanter comme Pierrotin chanta votre chanson
« et la mienne. » D'Assoucy, qui tire vanité de ses plus méchans vers, et
qui ne fait pas grace au lecteur de son plus plat impromptu, n'auroit certainement pas attribué à Molière un couplet d'une de ses chansons, si celui-

de goût, la protégeoit en prince, et devoit, à la fin de ses jours, la combattre en casuiste, avoit plusieurs fois fait venir, à son hôtel à Paris, son ancien condisciple, chef alors de *l'Illustre Théâtre*, pour donner des représentations. Le roi l'ayant envoyé en 1654 tenir les états de Languedoc, il engagea Molière à se rendre auprès de lui à Béziers avec sa nouvelle troupe. Chargé d'amuser la ville, les états et le prince, Molière fit passer en revue devant eux toutes les pièces de son répertoire, et il l'enrichit du *Dépit amoureux*, qui reçut un accueil très-favorable. Le prince, de plus en plus charmé de son esprit et de son caractère, lui offrit, dit-on, la place de secrétaire de ses commandemens, que venoit de laisser vacante la mort de Sarrasin [1]; et il ne la voulut point

---

ci n'en eût pas été véritablement l'auteur. Ce couplet, le voici :

> Loin de moi, loin de moi, tristesse,
> Sanglots, larmes, soupirs !
> Je revois la princesse
> Qui fait tous nos desirs.
> O célestes plaisirs !
> Doux transports d'allégresse !
> Viens, mort, quand tu voudras,
> Me donner le trépas :
> J'ai revu ma princesse.

(1) Jean-François SARRASIN, né près de Caen en 1603, mort à Pézenas en décembre 1654. Poëte et prosateur ingénieux, ses principaux ouvrages sont, *Dulot vaincu*, ou *la Défaite des Bouts-rimés*, poëme héroï-comique, la *Pompe funèbre de Voiture*, et la *Conspiration de Walstein*. Secrétaire des commandemens du prince de Conti, il avoit contribué à son mariage avec une nièce de Mazarin, et ce mariage ne fut pas heureux. Segrais raconte qu'un jour le prince, dans un accès de colère causé par ce souvenir, eut la brutalité de frapper Sarrasin à la tempe avec des pincettes. Peu de

accepter. Qui put lui faire préférer à ce poste tranquille,
avantageux et honorable, la vie inquiète, nécessiteuse et
presque humiliante de comédien de campagne? Son génie, sans doute, qui le retenoit invinciblement dans la
carrière où il devoit s'illustrer; sa passion pour la gloire,
qui venoit de lui faire goûter ses premières faveurs; le
scrupule, a-t-on dit, qu'il se faisoit de laisser là de pauvres comédiens amenés de loin, qui s'étoient liés à son
sort, dont le leur sembloit entièrement dépendre; peut-
être aussi d'autres motifs moins nobles, tels que l'empire de certaines liaisons, et un peu de goût pour cette
existence errante et agitée, mêlée de loisir et de travail,
de plaisir et de peine, d'abondance et de détresse, qui,
malgré son asservissement réel, offre à la folle jeunesse
la séduisante image de l'indépendance.

Si j'ai employé la forme du doute pour parler des relations amoureuses de Molière, c'est que rien n'est assuré à cet égard. On a beaucoup répété que, se trouvant,
dans le principe, uni d'intérêt avec les Béjart, il avoit
bientôt formé avec la sœur une liaison plus intime et
plus tendre; que, par la suite, ayant admis à la fois dans
sa troupe mademoiselle de Brie et mademoiselle du Parc,
il avoit offert à celle-ci des hommages qui avoient été
orgueilleusement rebutés; que, s'étant alors tourné vers
la première, il en avoit été reçu plus favorablement; et

---

temps après, ce poëte mourut de chagrin, ou peut-être même des suites du
coup. On conçoit que Molière fut peu empressé de le remplacer auprès d'un
maître qui avoit la main si prompte et si meurtrière.

que la fière du Parc, quand elle l'eut vu dans le chemin
de la gloire et de la fortune, avoit inutilement essayé
de rattraper ce cœur qu'elle avoit dédaigné. On n'a pas
craint d'ajouter que, lorsque l'humeur coquette et hau-
taine de sa femme l'eut forcé à rompre tout commerce
avec elle, mademoiselle de Brie, toujours bonne et de
composition facile, lui avoit encore, en cette occasion,
prêté le secours de ses tendres consolations. Dans ces
arrangemens peu délicats, il n'y a rien qui répugne absolument à l'idée qu'on peut se faire des mœurs d'une
troupe de comédiens; mais, pour attribuer affirmative-
ment de telles habitudes à un homme tel que Molière,
il faudroit au moins en avoir quelque bon garant; et,
pour la plupart de ces détails, on n'en a jamais eu d'autre qu'un libelle méprisable, imprimé, pour la première
fois, à l'étranger, en 1688, sous le titre de *la Fameuse
Comédienne*, ou *Histoire de la Guérin, auparavant femme
et veuve de Molière*, libelle dont l'auteur, qu'on assure
être une femme et une comédienne (madame Boudin),
mêlant beaucoup de faussetés calomnieuses à quelques
faits d'une vérité triviale, a poussé l'impudence de la
diffamation jusqu'à imputer à Molière une passion in-
fame pour le jeune Baron [1]. Il y a, dans la littérature,

---

(1) La première édition de ce libelle parut, en 1688, à Francfort, chez
Frans Rottenberg. Il en fut fait plusieurs autres, dont une, intitulée *les
Intrigues de Molière et celles de sa femme,* est purgée d'une assez grande
partie des infamies que contient la première, surtout en ce qui regarde
Baron. On a fait à La Fontaine l'injure de lui attribuer cette coupable pro-
duction. Feu M. Barbier, auteur du *Dictionnaire des Anonymes,* la met

une espèce d'hommes qui ont, avant tout, le respect
et la superstition de ce qu'ils appellent les livres *curieux*,
c'est-à-dire des livres assez mauvais pour être restés fort
rares. Cette rareté seule est tout le fondement de leur
foi : ils ne peuvent douter de ce qu'ils lisent dans un
volume dont il existe peu d'exemplaires ; et, plus le con-
tenu en est absurde ou scandaleux, plus il obtient leur
confiance. Voilà les sources impures où ils vont puiser
les contes ineptes dont ils barbouillent la vie des écrivains célèbres, et les interprétations ridicules dont ils
obscurcissent leurs ouvrages [1]. Fiers de posséder ces
trésors de sottise et de saleté, ils parlent dédaigneuse-
ment de ceux qui n'en parlent pas, et ils leur reprochent
de les ignorer. Ils se trompent encore en ce point ; car
les véritables hommes de lettres les connoissent, quoiqu'ils ne s'en vantent pas ; et c'est parce qu'ils les connoissent qu'ils les méprisent.

Après avoir fait quelque séjour à Béziers et à Pézenas,
où le prince de Conti le retenoit par beaucoup d'avan-
tages et de caresses, Molière continua encore, pendant
trois ou quatre années, ses courses dans le midi de la

---

sur le compte d'une madame Boudin, dont le nom, en effet, se trouve
inscrit à la main au titre d'un exemplaire appartenant à la bibliothèque
de la Ville.

(1) C'est ainsi que l'abbé Lenglet Dufresnoy, commentateur et biographe de Marot, voulant, à toute force, d'après je ne sais quels méchans
écrits et quelles traditions mensongères, que le poëte eût été l'amant aimé
de toutes les grandes dames de son temps, explique ses vers par les mêmes
faussetés dont il a rempli son histoire.

France [1]. En 1657, se trouvant à Avignon, il y rencontra Mignard [2], qui revenoit d'Italie, où il avoit demeuré vingt-deux ans, et qui étoit alors occupé à dessiner les antiquités du Comtat Venaissin. Ils conçurent l'un pour l'autre un attachement qui dura toute leur vie, et dont ils ne cessèrent de se donner des preuves. Mignard fit plusieurs fois le portrait de Molière; et Molière, dans son poëme de *la Gloire du Val-de-Grace*, vanta le génie et le caractère de Mignard. C'étoit, comme on l'a dit ingénieusement, l'amitié de l'Arioste et du Titien, le premier rendant à l'autre dans ses vers l'immortalité qu'il venoit de recevoir de lui sur la toile.

En 1658, Molière se rapprocha de la capitale, où l'appeloit le pressentiment d'une meilleure fortune et d'une plus grande renommée. Il se rendit à Rouen avec sa troupe, fit secrètement quelques voyages à Paris pour s'y ménager des appuis, y retrouva la protection de son auguste camarade de collége, acquit des protections plus élevées encore, celles de MONSIEUR, frère du roi, de la reine-mère et du roi lui-même, et obtint enfin la permission de jouer en leur présence.

---

(1) On cite de Molière un mot facétieux, qui se rapporte à ce temps où il parcouroit le Languedoc. Dans une de ses courses, il s'aperçut que sa valise lui manquoit. *Ne cherchez pas*, dit-il à ceux qui l'accompagnoient; *je viens de Gignac, je vais à Lavagnac, je vois le clocher de Montagnac : au milieu de tous ces gnac, ma valise est perdue.* En effet, on ne la retrouva pas.

(2) Pierre MIGNARD, né à Troyes en 1610, et mort à Paris en 1695.

Le 24 octobre de la même année, Molière et sa troupe représentèrent la tragédie de *Nicomède* sur un théâtre qu'on avoit fait dresser exprès dans la salle des gardes du vieux Louvre. Les comédiens de l'Hôtel de Bourgogne assistoient à la représentation. Ils étoient venus, plus disposés à la pitié qu'à l'envie, juger le début de cette troupe de province : ils ne durent pas être aussi satisfaits que le reste des spectateurs. Molière, qui avoit excité leur jalousie, crut devoir caresser leur orgueil. La tragédie achevée, il reparut sur le théâtre; « et, après avoir « remercié Sa Majesté, en des termes très-modestes, de « la bonté qu'elle avoit eue d'excuser ses défauts et ceux « de toute sa troupe, qui n'avoit paru qu'en tremblant « devant une assemblée si auguste, il lui dit que l'envie « qu'ils avoient eue d'avoir l'honneur de divertir le plus « grand Roi du monde leur avoit fait oublier que Sa Ma- « jesté avoit à son service d'excellens originaux dont ils « n'étoient que de très-foibles copies ; mais que, puis- « qu'elle avoit bien voulu souffrir leurs manières de cam- « pagne, il la supplioit très-humblement d'avoir pour « agréable qu'il lui donnât un de ces petits divertissemens « qui lui avoient acquis quelque réputation, et dont il « régaloit les provinces [1]. » Son compliment fut goûté, et son offre agréée. Il donna sur-le-champ *le Docteur amou- reux* [2]. Le sel réjouissant de cette farce et le jeu plaisant

---

[1] *Préface* de l'édition des *OEuvres de Molière*, donnée par La Grange et Vinot, en huit vol. in-12, Paris, 1682.

[2] Boileau regrettoit qu'on eût perdu cette farce. « Il y a toujours,

de l'auteur, qui y faisoit le principal rôle, excitèrent des rires universels. Le comédiens de l'Hôtel de Bourgogne, depuis la mort de leurs célèbres farceurs, Gros-Guillaume, Gauthier-Garguille, et Turlupin [1], avoient renoncé à l'usage de terminer le spectacle par une petite pièce. Molière le fit revivre heureusement en cette occasion, et il a toujours subsisté depuis [2].

Le roi fut si satisfait de la nouvelle troupe, qu'il lui permit aussitôt de s'établir dans la salle du Petit-Bourbon, bâtie sur l'emplacement qu'occupe aujourd'hui la colonnade du Louvre, pour y jouer alternativement avec les comédiens italiens [3]. Elle obtint le titre de Troupe

---

« disoit-il, quelque chose de saillant et d'instructif dans les moindres « ouvrages de Molière. »

(1) Ces trois farceurs avoient d'abord leurs tréteaux à l'Estrapade. Richelieu, qui avoit besoin qu'on le fît rire, voulut les voir, s'amusa beaucoup de leurs bouffonneries, et ordonna aux comédiens de l'Hôtel de Bourgogne de se les associer, afin de rendre leurs représentations plus gaies. « Gros-Guillaume, disent les historiens du Théâtre françois, ayant « eu la hardiesse de contrefaire un magistrat à qui une certaine grimace « étoit familière, il le contrefit trop bien, car il fut décrété, ainsi que ses « deux compagnons. Ceux-ci prirent la fuite; mais Gros-Guillaume fut « arrêté et mis dans un cachot. Le saisissement qu'il en eut lui causa la « mort, et la douleur que Gauthier-Garguille et Turlupin en ressentirent « les emporta aussi dans la même semaine. Ces trois acteurs avoient tou-« jours joué sans femmes. Ils n'en vouloient point, disoient-ils, parce « qu'elles les désuniroient. »

(2) Il faut excepter les cas où la grande pièce étoit assez longue pour former à elle seule le spectacle. De nos jours, *le Mariage de Figaro*, *Pinto*, *les Mœurs du Jour*, etc., ont été joués seuls.

(3) La troupe de Molière jouoit les mardis, les jeudis et les samedis, et les Italiens les autres jours.

de Monsieur, et donna sa première représentation le 3 novembre.

Paris, pris à son tour pour juge de *l'Étourdi* et du *Dépit amoureux*, confirma le jugement de la province.

Les Précieuses ridicules furent jouées le 18 novembre 1659, et le furent avec un applaudissement universel. Du milieu du parterre s'éleva ce cri qui a été répété par la postérité : *Voilà la bonne comédie!* L'affluence du public devint telle que, pour la diminuer et en profiter à la fois, la troupe augmenta le prix des places. La cour étoit alors au pied des Pyrénées, où l'on traitoit de la paix avec l'Espagne et du mariage du jeune roi : la pièce y fut envoyée, et ne fut pas moins goûtée qu'à Paris. S'il en faut croire Segrais, Molière, dont ce double succès *enfloit le courage* et sans doute éclairoit le génie, s'écria : « Je n'ai plus que faire d'étudier Plaute et Térence, ni « d'éplucher les fragmens de Ménandre : je n'ai qu'à étu- « dier le monde [1]. »

Ce n'est pourtant pas encore dans l'étude du monde qu'il puisa *le Cocu imaginaire*, représenté le 28 mai 1660; c'est bien plutôt dans le comique faux et outré de Scarron [2]. On diroit qu'importuné des succès scandaleux du père des Jodelets, il lui emprunta ses armes pour le

---

(1) *OEuvres de Segrais*, tome II, pages 138 et 159 de l'édition en deux vol., Paris, 1755.

(2) Paul Scarron, né à Paris vers 1610, mort dans la même ville, en 1660. Racine se cachoit de Boileau pour lire son *Énéide travestie*, dont il rioit en dépit du goût et de Virgile; et Boileau lui-même se déridoit le front à la lecture de son *Roman comique*.

vaincre. En effet, il l'emporta sur lui par des mœurs plus vraies, une gaieté plus naturelle, une bouffonnerie moins basse et un style de meilleur goût ; mais faire mieux que Scarron, étoit-ce faire assez bien pour lui-même ?

On devoit bientôt voir en France une chose doublement extraordinaire, un François l'emporter sur un étranger, et le plan d'un médecin pour un édifice public être préféré à celui d'un architecte : c'est l'histoire de Claude Perrault et du cavalier Bernin. Avant que celui-ci fût appelé de Rome pour donner les dessins de la principale façade du Louvre, la salle du Petit-Bourbon fut démolie. Louis XIV, toujours plus satisfait de Molière, lui accorda celle du Palais royal, que le cardinal de Richelieu, auteur pour moitié avec Desmarets [1] de la détestable tragédie de *Mirame*, avoit fait construire pour la représentation de cette pièce, avec une magnificence qui trahissoit son affection paternelle. C'est cette même salle qui, après la mort de Molière, fut accordée à Lulli pour y faire jouer l'opéra, et qu'un incendie détruisit en 1763. La troupe de Molière y commença ses représentations le 4 novembre 1660 [2].

---

(1) Jean DESMARETS DE SAINT-SORLIN, de Paris, né en 1595, mort en 1676. Auteur, entre autres ouvrages, d'une traduction en vers de l'*Imitation de J.-C.*, d'un poëme de *Moïse* en vingt-six chants, et de la comédie des *Visionnaires*, jouée, quatre ans avant *le Menteur*, avec un succès qui se soutint fort long-temps.

(2) La troupe italienne partagea aussi cette salle avec la troupe de Molière, qui jouoit les mardis, les vendredis et les dimanches. Molière, quoiqu'il eût quelquefois le dépit de voir le public délaisser ses chefs-d'œuvre,

Le premier ouvrage donné par Molière sur ce nouveau théâtre fut *don Garcie de Navarre*, joué le 4 février 1661. C'étoit une fâcheuse inauguration. Molière échoua comme auteur et comme acteur : il céda promptement son rôle, et il ne tarda pas à retirer sa pièce.

Ayant consacré toutes les autres parties de mon travail tant à l'appréciation littéraire des comédies de Molière, qu'au récit et à la critique des diverses particularités qui en forment l'histoire, je ne pourrois, dans ce récit purement biographique, continuer à les mentionner que comme de simples faits, dont l'énonciation se bor-

---

et courir en foule aux bouffonneries de Scaramouche, n'en vivoit pas moins en bonne intelligence avec les comédiens italiens. Le fait est attesté par Palaprat, qui eut le bonheur de se trouver avec Molière dans leur société, qu'aimoit à réunir chez lui un peintre de leur pays, nommé Vario. « Ce grand comédien, et mille fois encore plus grand auteur, dit-il, vivoit « d'une étroite familiarité avec les Italiens, parce qu'ils étoient bons acteurs « et fort honnêtes gens ; il y en avoit toujours deux ou trois des meilleurs « à nos soupers. Molière en étoit souvent aussi, mais non pas aussi sou- « vent que nous le souhaitions, et mademoiselle Molière encore moins « souvent que lui ; mais nous avions toujours fort régulièrement plusieurs « *virtuosi*, et ces *virtuosi* étoient les gens de Paris les plus initiés dans les « anciens mystères de la comédie françoise, les plus savans dans ses an- « nales, et qui avoient fouillé le plus avant dans les archives de l'Hôtel de « Bourgogne et du Marais. Ils nous entretenoient des vieux comiques, de « Turlupin, Gauthier-Garguille, Gorgibus, Crivello, Spinette, du doc- « teur, du capitan Jodelet, Gros-René, Crispin. Ce dernier florissoit « plus que jamais : c'étoit le nom de théâtre ordinaire sous lequel le fa- « meux Poisson brilloit tant à l'Hôtel de Bourgogne. Quoique Molière eût « eu lui un redoutable rival, il étoit trop au-dessus de la basse jalousie « pour n'entendre pas volontiers les louanges qu'on lui donnoit ; et il me « semble sûr, sans oser pourtant l'assurer après quarante ans, d'avoir ouï

neroit à des titres et à des dates. Cette énumération seroit fastidieuse par sa sécheresse, et le seroit sans utilité.
J'ai osé, ailleurs, juger le poëte et analyser ses ouvrages :
c'est assez d'une fois ; je dois me contenter ici de peindre
l'homme et de raconter les actions de sa vie.

Une des plus importantes fut son mariage ; et ce mariage est l'occasion d'une espèce de problème généalo-
gique assez difficile à résoudre.

On a dit et répété constamment, depuis la mort de
Molière, qu'après avoir eu, dans sa jeunesse, une liaison
intime avec Madeleine Béjart, il avoit épousé la fille de

« dire à Molière, en parlant avec Dominico de Poisson, qu'il auroit
« donné toute chose au monde pour avoir le naturel de ce grand comé-
« dien. Ce fut donc dans ces soupers que j'appris une espèce de suite
« chronologique de comiques, jusqu'aux Sganarelles, qui ont été le per-
« sonnage favori de Molière, quand il ne s'est pas jeté dans les grands
« rôles à manteau, et dans le noble et haut comique de *l'École des Femmes*,
« des *Femmes savantes*, du *Tartuffe*, de *l'Avare*, du *Misanthrope*, etc.
« Les Pasquins et les Martines ont eu leur vogue depuis. J'oserois croire,
« si Molière avoit vécu, qu'insensiblement il n'auroit pas fait grand fonds
« sur les rôles de valet dans ses comédies. (Préface des *OEuvres de Palaprat*, Paris, 1735.)» Cette dernière réflexion est bien étrange de la part
d'un homme qui avoit étudié les ouvrages de Molière, et s'étoit exercé
dans son art. Palaprat ignoroit-il donc que Molière n'a confié la conduite
de l'intrigue à des valets que dans ses deux premières pièces, et, plus tard,
dans deux farces sans conséquence ; et que, dans *Tartuffe*, *le Misanthrope*, *les Femmes savantes*, *l'Avare*, *le Bourgeois gentilhomme*, *le Malade imaginaire*, etc., les valets ne tiennent pas une autre place et n'ont
pas une autre importance que dans le monde ? Étonnez-vous donc, après
cela, des bévues de certaines gens, à qui, pour parler de Molière, il ne
manque que de connoître le théâtre, de comprendre la comédie, et de
sentir Molière lui-même.

cette femme et d'un gentilhomme avignonois, nommé
le comte de Modène. Il fut même dénoncé au roi à ce
sujet par Montfleury, qui ne se croyoit pas assez vengé,
dans *l'Impromptu de l'Hôtel de Condé*, des épigrammes
de *l'Impromptu de Versailles* [1]. On lit, dans une lettre
de Racine : « Montfleury a fait une requête contre Mo-
« lière, et l'a donnée au roi : il l'accuse d'avoir épousé
« la fille, et d'avoir vécu autrefois avec la mère ; mais
« Montfleury n'est point écouté à la cour [2]. » Cette accusation odieuse renfermoit en soi une insinuation plus
odieuse encore ; et il ne manqua sûrement pas de gens
pour en tirer l'induction que le délateur n'avoit osé exprimer. On ne sait ce que Molière dit pour sa défense,
ni même s'il crut devoir se défendre. Mais, selon Voltaire, plusieurs personnes, indignées d'une telle calomnie, prirent le soin de la réfuter, et prouvèrent que
Molière n'avoit connu la mère qu'après la naissance de
la fille. Voltaire nous laisse ignorer quelle preuve elles
fournirent. Il n'y en avoit qu'une qui fût sans réplique,

---

(1) Molière, dans *l'Impromptu de Versailles*, s'étant moqué de la décla-
mation de Montfleury, comédien de l'Hôtel de Bourgogne, le fils de celui-
ci, pour venger son père, composa *l'Impromptu de l'Hôtel de Condé*. Voir
tome III, pages 331 et 332 de cette édition.

(2) *OEuvres de J. Racine*, avec le Commentaire de La Harpe, t. VII,
p. 170. La lettre de Racine est du mois de décembre 1663. Dans l'édition
que Louis Racine a donnée, en 1747, des Lettres de son père, à la place
de ces mots, *il l'accuse d'avoir épousé la fille et d'avoir autrefois vécu
avec la mère*, on lit ceux-ci, *il l'accuse d'avoir épousé sa propre fille*.
Louis Racine traduisoit fidèlement sans doute la pensée de Montfleury ;
mais il altéroit étrangement les paroles de son père.

c'étoit l'extrait baptistaire de cette même fille. Il est douteux qu'on en eût connoissance alors. Mais on le pos-
sède aujourd'hui, grace aux recherches de M. Beffara.
D'après cet acte, la fille de Madeleine Béjart et du comte
de Modène, nommée Françoise au baptême, naquit le
3 juillet 1638. Molière ne connut la mère qu'en 1645
environ. Françoise étoit donc venue au jour sept ans
avant cette liaison, lorsqu'il avoit lui-même seize ans au
plus, et qu'il étoit encore au collège. Cette seule découverte seroit déja fort précieuse, puisque, s'il devoit subsister toujours que Molière fut successivement l'amant
de la mère et le mari de la fille, du moins tout soupçon
d'inceste seroit à jamais détruit.

Mais les choses n'en devoient pas demeurer à ce point.
M. Beffara avoit aussi découvert plusieurs autres pièces
qui sembloient faire tomber du même coup dans le néant
l'accusation et la défense. La première et la plus impor-
tante de ces pièces est l'acte de mariage de Molière [1].

---

[1] Voici le texte de cet acte, inscrit aux registres de Saint-Germain-
l'Auxerrois : « Jean-Baptiste Poquelin, fils de sieur Jean Poquelin, et de
« feue Marie Cressé, d'une part, et Armande-Gresinde Béjard, fille de
« feu Joseph Béjard et de Marie Hervé, d'autre part, tous deux de
« cette paroisse, vis-à-vis le Palais royal, fiancés et mariés tout ensemble,
« par permission de M. de Comtes, doyen de Notre-Dame et grand vicaire
« de monseigneur le cardinal de Retz, archevêque de Paris, en présence
« dudit Jean Poquelin, père du marié, et de André Boudet, beau-frère
« du marié, de ladite Marie Hervé, mère de la mariée, Louis Béjard et
« Madelaine Béjard, frère et sœur de ladite mariée. Signatures. J.-B. Po-
« quelin. J. Poquelin. Boudet. Marie Hervé. Armande-Gresinde Béjard.
« Louis Béjard. Béjard (Madelaine). »

Madame Molière y est nommée, non pas *Françoise*, mais *Armande-Grésinde*; elle y est déclarée fille de Joseph Béjart et de Marie Hervé, père et mère de celle dont on vouloit qu'elle fût la fille; et cette mère prétendue, Madeleine Béjart, y figure, comme témoin, sous la qualité de *sœur de la mariée*. De plus, madame Molière, dans l'acte de son second mariage avec Guérin d'Estriché, déclare les mêmes père et mère et les mêmes noms; et ces noms encore sont inscrits dans son acte mortuaire du 2 décembre 1700, qui, lui donnant cinquante-cinq ans au moment de son décès, fait remonter sa naissance à l'année 1645, époque de la liaison de Molière avec Madeleine Béjart.

De ces actes en bonne forme, il résulte que *Françoise* et *Armande* sont deux personnes différentes, et que Molière, en épousant Armande, a pris pour femme, non pas la fille, mais la sœur de son ancienne maîtresse.

Il sembleroit que tout dût être terminé par la production de ces pièces authentiques, et que les amis des mœurs, comme ceux de la gloire de Molière, n'eussent plus qu'à se réjouir d'un résultat qui atténue considérablement l'espèce de blâme dont sa mémoire restoit chargée, même après qu'on eut écarté l'horrible imputation qu'avoit inventée la haine. Mais il n'en devoit pas être tout-à-fait ainsi.

Un écrivain, connu pour se livrer avec ardeur à la recherche et à la défense de la vérité, M. le marquis de Fortia d'Urban, s'est élevé contre ces actes, qu'on pouvoit croire inattaquables. Il n'en conteste point l'authenticité;

mais il soutient qu'ils sont le produit légal d'une fraude convenue entre la maison de Modène et la famille Béjart.

Voici les faits comme il les dispose. L'acte de naissance de Françoise nommoit le père aussi-bien que la mère. Madeleine Béjart pouvoit se flatter qu'à l'aide de cet acte, elle feroit quelque jour reconnoître sa fille. M. de Modène avoit des idées toutes différentes. Il étoit sans enfans; mais il avoit quatre neveux de son nom, à qui il vouloit assurer sa succession. Une précaution lui sembla nécessaire pour que l'exercice de leurs droits comme héritiers ne pût être jamais troublé. Le meilleur moyen de les affranchir de toute crainte, étoit d'obtenir que Françoise s'ôtât à elle-même la possibilité de réclamer l'héritage de son père; et le meilleur mode de renonciation qu'elle pût employer, étoit de devenir une autre personne en changeant de nom. C'est ce qu'elle fit lorsqu'elle épousa Molière. Ses parens prirent des qualités qui s'accommodoient à cette transformation. L'aïeule fut la mère, la mère une sœur, et l'oncle un frère : c'étoit comme une comédie qu'ils jouoient; et ils en avoient l'habitude. Une bonne dot à la fille, un dédommagement à la mère, et des présens aux autres Béjart, rendirent cet arrangement facile. Le père et le beau-frère de Molière, qui signèrent au registre, purent ignorer des faits qui leur étoient presque étrangers; et Molière lui-même, heureux d'obtenir celle qu'il aimoit, n'eut aucune raison pour s'opposer à ce qui accommodoit tout le monde, et ne lui préjudicioit en rien. Ainsi l'on vint à bout de faire disparoître légalement Françoise, fille de M. de

Modène, et d'y substituer une prétendue Armande-Gré-
sinde-Claire-Élisabeth Béjart.

Cette hypothèse (car l'auteur lui-même ne peut pas
prétendre que ce soit autre chose) a été, comme on le
pense bien, attaquée avec vivacité; elle a été défendue
de même, et je me hâte de dire que, de part et d'autre,
on a allégué des raisons plausibles, soutenues avec autant d'esprit que de politesse [1].

Voici les argumens de M. de Fortia. Une tradition
non interrompue de cent soixante ans, des témoignages
contemporains qui n'ont jamais été contredits, et qui
ont toujours été répétés, donnent pour épouse à Molière
la fille de Madeleine Béjart et du comte de Modène. Molière, accusé par Montfleury d'avoir épousé la fille de
son ancienne maîtresse, dont la calomnie vouloit faire
sa propre fille, avoit, dans le système établi sur les pièces
nouvellement découvertes, deux moyens de justification
également faciles et victorieux; c'étoit, soit de produire
l'acte de naissance d'Armande, soit de montrer la personne ou l'acte mortuaire de Françoise; et l'on ne voit

---

[1] Les personnes qui ont figuré principalement dans cette discussion,
sont M. Hippolyte de La Porte, auteur d'un grand nombre d'articles fort
exacts et fort judicieux dans la *Biographie universelle;* et M. Jules Tasche-
reau, à qui l'on doit une édition des *OEuvres complètes de Molière, avec
les notes de tous les commentateurs*, et une *Histoire de la Vie et des Ouvrages de Molière.* Ce jeune écrivain n'a pas cru devoir, comme quelques
exemples pouvoient l'y autoriser, critiquer indécemment mon travail,
tandis qu'il en profitoit pour le sien. Loin de là : il a reconnu la dette avec
une franchise et une bienséance d'expression qui prouvent la délicatesse
de son esprit et l'honnêteté de son ame.

pas qu'il ait rien fait de semblable. Il ne le pouvoit pas, puisque Armande et Françoise étoient une seule personne. Il ne pouvoit plus même, en exhibant l'extrait baptistaire de Françoise, prouver, du moins, que la naissance de cette fille étoit antérieure à sa liaison avec la mère; il ne le pouvoit plus, parce que la dénonciation de Montfleury étoit venue après son mariage, et qu'un des effets de ce mariage avoit été de faire disparoître Françoise, comme si elle n'eût jamais existé. Molière n'auroit point gardé le silence, s'il eût pu parler; et, s'il eût parlé, sa justification auroit eu la même publicité que l'accusation, et l'auroit entièrement effacée. Loin de là : malgré l'acte de mariage qui faisoit de Françoise une Armande, et d'une fille de Madeleine Béjart une sœur de cette comédienne, tout le monde demeura convaincu que la femme de Molière étoit la fille de son ancienne maîtresse; et Grimarest, qui écrivit la vie de Molière presque sous la dictée de Baron, son élève, le rapporte comme un fait positif et incontesté. Il y a plus : le libelle intitulé *la Fameuse Comédienne*, dans lequel le même fait est allégué, parut douze ans avant la mort de la veuve Molière; et celle-ci, qui ne put manquer d'en avoir connoissance, fit comme son premier mari; elle n'entreprit point une réfutation qui étoit impossible. Qu'oppose-t-on à cette tradition constante, universelle, fortifiée par le silence de Molière et de sa femme? Un acte clandestin, qui étoit resté inconnu jusqu'à nous, parce que ceux qu'il concernoit avoient eu intérêt à le cacher; un acte fait avec dispense de deux bans, qui présente Molière et sa femme fiancés et mariés tout à la fois, où la signature du curé n'est pas même apposée, et où l'énumération des témoins est terminée par ces mots, *et d'autres*, lesquels semblent indiquer des personnes qui n'ont pas voulu que leur présence fût constatée. Madame Molière étoit si peu familiarisée avec les nouveaux noms qui lui avoient été imposés par son acte de mariage, que, dans tous les actes qui suivirent, il lui arriva, soit d'omettre un ou deux de ces noms, soit d'en intervertir l'ordre. Si elle étoit la sœur et non la fille de Madeleine Béjart, leur prétendue mère commune, Marie Hervé, l'auroit donc mise au monde sept ans après que Madeleine étoit accouchée de Françoise, et, par conséquent, à l'âge de quarante-cinq ans au moins : cas rigoureusement possible, mais extrêmement rare. Si madame Molière étoit la sœur de Madeleine Béjart, pourquoi celle-ci, comédienne elle-même, se seroit-elle opposée à ce qu'elle entrât au théâtre? et, en la tenant éloignée de cette carrière, où tout sembloit l'appeler, n'a-t-elle pas prouvé qu'elle la réservoit, comme fille du comte de Modène, pour un état plus honorable et plus avantageux? Pourquoi M. Beffara, aux recherches de qui n'a pu échapper l'acte le moins important de l'état civil des Poquelin et même des Béjart, n'a-t-il pas pu découvrir l'extrait mortuaire de Françoise et l'extrait baptistaire d'Armande? Enfin, l'hypothèse d'une suppression d'état et de la métamorphose de Françoise, fille naturelle de Modène, en Armande Béjart, est d'accord avec la tradition particulière qui s'est perpétuée dans la famille de Modène encore sub-

sistante; et, de plus, elle se concilie parfaitement avec
la tradition publique qui remonte jusqu'au temps même
où vivoit Molière; tandis que le système fondé sur les
actes récemment découverts contrarie cette double tradition dans tous ses points.

Les adversaires de M. de Fortia ont à faire et font,
en effet, moins d'efforts pour soutenir leur cause. Ils
pourroient rester retranchés derrière des actes dont il ne
nie point la validité, et dont il ne fait qu'attaquer la sincérité par des traditions qui peuvent être fausses et des
suppositions qui peuvent être gratuites. Ils n'abusent cependant pas de l'avantage de leur position, et ils con-
sentent à descendre avec leur antagoniste dans le champ
de la discussion.

Voici comme, à leur tour, ils argumentent. La tradition est souvent mensongère; elle l'a été beaucoup à
l'égard de Molière en particulier, témoin les circonstances
de sa naissance inexactement rapportées jusqu'ici, de
l'aveu même de M. de Fortia. Si l'on ne voit pas que
Molière ni sa femme aient démenti le bruit nuisible à
tous deux, qui donnoit à l'une pour mère l'ancienne
maîtresse de l'autre, et alloit même jusqu'à donner à
celui-ci sa propre fille pour épouse, on n'en doit pas
conclure ou qu'ils ne l'ont pas fait, ou qu'ils fussent absolument obligés de le faire. Ils peuvent avoir dédaigné
de répondre à une imputation méprisée qu'ils avoient
toujours le moyen de confondre; ils peuvent aussi l'avoir
réfutée, sans que le fait ait été enregistré dans les écrits
du temps, ou que la mention en soit parvenue jusqu'à

nous. En tout cas, leur silence ou celui de la chronique contemporaine n'est qu'un de ces argumens négatifs qui ne peuvent avoir force de preuve, et ne sont tout au plus regardés que comme des présomptions. Si M. Beffara, qui a découvert tant d'actes, n'a pas découvert ceux qui trancheroient toute la difficulté, savoir, l'acte de décès de Françoise et l'acte de naissance d'Armande, il n'est pas juste d'en inférer que ceux-ci n'existent pas, et que ceux qui existent sont des faux. Il est possible que Françoise soit décédée hors de Paris, et il est présumable qu'Armande est née en province : or, les recherches de M. Beffara se sont bornées à la capitale, et n'en ont même exploré que quelques quartiers. Au reste, l'absence des deux actes en question n'est encore qu'une preuve négative, c'est-à-dire une de ces preuves qui ne prouvent rien. La prétendue clandestinité de l'acte de mariage est une allégation qu'aucun indice même n'appuie. Quelque chose d'irrégulier ou d'inusité dans la rédaction d'un acte n'est pas un signe que le contrat ait été fait en cachette ; et, s'il étoit vrai, d'ailleurs, que Molière et sa femme eussent été mariés un peu mystérieusement, comme ils l'ont été d'une manière, pour ainsi dire, expéditive et abrégée, on sent que l'Église auroit pu avoir ses raisons pour en agir ainsi à l'égard d'un comédien déja fameux, que son état retranchoit de la communion. Les omissions ou transpositions de noms de baptême, commises par madame Molière, sont des erreurs, des inadvertances communes même aujourd'hui, que les officiers civils et judiciaires mettent le plus grand soin à les prévenir; et chaque jour encore on fait des actes de notoriété pour les réparer. Quant aux exemples de femmes qui accouchent à l'âge de quarante-cinq ans, ils ne sont pas aussi rares qu'on le prétend, et il ne faut pas aller loin pour en trouver un : la famille même de Molière nous offre celui de la femme d'un Robert Poquelin, qui, ayant eu vingt enfans en vingt-six ans, ne pouvoit pas être âgée de moins de quarante-cinq ans, lorsqu'elle mit au monde le dernier. Mais voici la dernière et la plus forte objection contre le système de M. de Fortia, celle qui auroit pu dispenser de toutes les autres. Françoise n'avoit aucun droit à l'héritage de M. de Modène, puisqu'elle étoit née d'un commerce illégitime, et qu'à l'époque de sa naissance, son père étoit engagé dans les liens du mariage. La crainte qu'elle ne vînt un jour troubler les héritiers Modène dans l'exercice de leurs droits étoit donc chimérique, et toute précaution à cet égard entièrement superflue. Est-il probable que, pour prévenir un danger qui n'existoit pas, et dissiper des inquiétudes qui ne pouvoient raisonnablement exister, on ait imaginé de fabriquer un faux matériel, ayant pour objet une suppression d'état; un faux qui auroit eu pour auteurs ou complices sept personnes, en comptant le prêtre, rédacteur de l'acte; un faux qu'il auroit fallu répéter chaque fois que madame Molière auroit contracté comme épouse ou comme mère; un faux qui n'auroit pas atteint son but, puisqu'il n'auroit pas réellement fait disparoître Françoise, dont l'acte de naissance subsistoit toujours; un faux, enfin, dont la découverte fa-

cile auroit pu attirer des peines infamantes sur tous ceux
qui y auroient participé?

Tel est le résumé succinct, mais complet et fidèle des
moyens employés de part et d'autre dans ce petit procès,
qui ne laisse pas d'avoir déja produit des écritures en
assez grand nombre. Les parties, n'ayant pu se concilier,
ont bien voulu me prendre pour arbitre, et promettre
d'adhérer à ma décision. Je n'ai point accepté l'honneur
qu'elles me conféroient. Le rôle plus modeste de rappor-
teur me convenoit beaucoup mieux : je l'ai rempli ; et,
si maintenant je me déclare en faveur de l'une de ces
deux opinions, ce n'est pas un jugement que j'entends
prononcer, c'est simplement un avis que je crois pouvoir
émettre.

Je ne puis, je l'avoue, m'empêcher d'être frappé de
cette tradition constante, universelle, qui fait de la femme
de Molière la fille du comte de Modène et de Madeleine
Béjart. Mon étonnement est grand de ce que le fait contraire, dont la preuve existoit au milieu de nous, quoique cachée à tous les yeux, n'a été articulé ni soupçonné
par personne, et de ce qu'on n'en découvre pas le plus
léger vestige dans ces écrits contemporains de Molière,
où plusieurs détails de sa vie privée sont mis au grand
jour.

Mais, d'un autre côté, si, pour croire à la réalité d'une
action coupable, on veut apercevoir quelque intérêt à
l'avoir commise, comment imaginer qu'on ait fabriqué
un faux pour détruire des droits qui n'existoient pas, et
pour en assurer d'autres qui ne pouvoient être attaqués?

Que les Modène aient été assez sots, et les Béjart assez vils, les uns pour donner, les autres pour recevoir de l'argent en paiement de cette fraude gratuitement criminelle, cela est déja invraisemblable ; mais que Molière, qui étoit certainement informé de la véritable naissance de sa femme, Molière, dont la raison et la probité ne sont pas plus contestées que le génie, se soit prêté et même ait pris part à un crime dont il ne pouvoit ignorer d'une part l'inutilité, de l'autre la gravité et le danger, voilà ce qui est, selon moi, tout-à-fait impossible. Lorsque le doute est permis, je ne puis pas ne pas me décider pour l'opinion qui est la plus favorable à Molière.

Faut-il que je m'excuse d'avoir interrompu, par cette longue discussion, le récit de la Vie de Molière ? La science des d'Hozier et des Chérin a souvent produit de nombreux volumes pour établir quelque point douteux d'une filiation qui n'intéressoit que l'orgueil d'une famille. La liste de nos grands hommes est le vrai Nobiliaire de France : j'ai l'espoir que tous mes lecteurs me pardonneront d'avoir employé quelques pages à éclaircir, autant qu'il étoit en moi, une question de généalogie, qui semble toucher, jusque dans son honneur même, un des plus beaux génies dont se glorifie notre patrie.

Quels que fussent les vrais parens de la femme de Molière, son mariage avec elle fut pour lui une source de chagrins. L'homme qui pénétroit si avant dans le secret des foiblesses humaines, qui savoit si bien démêler et vaincre l'artifice de leurs innombrables métamorphoses, pour les forcer à venir se trahir et s'accuser elles-mêmes

sur la scène, cet homme, qu'on pouvoit croire exempt
des infirmités morales de son espèce, en avoit pourtant
sa part; et le ridicule même dont il s'étoit le plus souvent moqué, étoit précisément celui dont il avoit le
moins su se garantir. S'il n'étoit pas le père de sa femme,
comme on l'avoit dit effrontément, il auroit du moins
pu l'être [1]; et cette supériorité d'âge, la plus triste des
disproportions, jointe à son état valétudinaire et à ses
habitudes sérieuses, étoit un désavantage que ne pouvoient racheter tout son génie et toute sa gloire auprès
d'une jeune et jolie comédienne, fort encline à la coquetterie, et entourée de mille dangers qu'elle craignoit
trop peu pour s'en garantir beaucoup. Molière, né tendre
et mélancolique, avoit donné tout son cœur, et il vouloit en retour un cœur tout entier. Il eut tous les tour-
mens, il eut presque tous les ridicules d'un mari jaloux.
Avoit-il raison de l'être? Qui peut le savoir? Mais il
n'importe. La jalousie, pour n'être pas fondée, en est-
elle moins un mal réel? et ne sait-on pas qu'ordinairement elle nous fait moins souffrir de ce qui est que de ce
qu'elle invente? Mari trompé ou non trompé, Molière ne
pouvoit manquer d'être malheureux; et il le fut beaucoup.

Il eut trois enfans de ce mariage. Le premier, qui
étoit un fils, naquit le 19 janvier 1664 : il eut pour parrain Louis XIV, et pour marraine Henriette d'Angleterre,
femme de Monsieur. Quand le roi et Madame firent cet

---

(1) Entre Molière, né en 1622, et sa femme, née vers 1645, il y avoit
une différence d'âge d'environ vingt-trois ans.

honneur à Molière, il y avoit deux mois au plus que Montfleury avoit présenté sa requête. Racine avoit eu raison de dire : *Montfleury n'est point écouté à la cour;* il auroit pu ajouter : et Molière y est estimé. Son second enfant fut une fille : elle naquit au mois d'août 1665, et fut tenue sur les fonts de baptême par M. de Modène et Madeleine Béjart, c'est-à-dire par ceux-là mêmes dont on prétendoit que sa mère étoit fille. Le troisième enfant de Molière eut pour parrain Boileau de Puimorin [1], frère de Despréaux, et pour marraine la fille

---

(1) Pierre BOILEAU PUIMORIN, frère puîné de Despréaux, étoit homme d'esprit et fort ami du plaisir. Despréaux disoit de lui : *Mon frère a une joie continue, avec des redoublemens.* Un jour, il se moquoit de *la Pucelle* devant Chapelain. *C'est bien à vous d'en juger,* lui dit l'auteur courroucé, *vous qui n'êtes qu'un ignorant, et qui ne savez pas même lire. Je ne sais que trop lire,* répondit Puimorin, *depuis que vous faites imprimer.* Il fut si content de sa réponse, qu'il voulut la mettre en vers. Comme il n'en pouvoit venir à bout, Racine et Despréaux s'en chargèrent, et ils firent cette épigramme :

> Froid, sec, dur, rude auteur, digne objet de satire,
> De ne savoir pas lire oses-tu me blâmer ?
> Hélas ! pour mes péchés, je n'ai su que trop lire.
> Depuis que tu fais imprimer.

Racine, remarquant que le premier hémistiche du second vers rime avec le vers qui précède et avec celui qui suit, vouloit qu'on mît : *De mon peu de lecture.* Molière décida qu'il falloit conserver la première façon. *Elle est plus naturelle,* dit-il ; *et il faut préférer la justesse de l'expression à la régularité scrupuleuse du vers. C'est l'art même qui doit nous apprendre à nous affranchir des règles de l'art.* Boileau, qui étoit présent, fit son profit de cette judicieuse observation. On la retrouve dans ces vers de l'*Art poétique* :

> Quelquefois dans sa course un esprit vigoureux,

de Mignard [1]. Ce second fils, né le 15 septembre 1672, mourut moins de deux mois après sa naissance. L'époque de la mort du premier fils est ignorée : on sait seulement qu'elle est antérieure à la mort de Molière. Sa fille, le seul enfant qui lui ait survécu, étoit, disent les historiens du théâtre, grande, bien faite, peu jolie, mais fort spirituelle. Lassée d'attendre un parti du choix de sa mère, elle se laissa enlever par le sieur Rachel de Montalant, écuyer, qui fut quelque temps organiste de la paroisse Saint-André-des-Arcs. Madame Guérin fit quelques poursuites; mais des amis communs accommodèrent l'affaire. M. et madame de Montalant passèrent leur vie à Argenteuil, où ils moururent sans postérité. Après la mort de cette fille, il ne resta de Molière que des collatéraux, dont les derniers, les derniers du moins qui fussent connus, vinrent prendre une place honorable à la séance de l'Académie Françoise, du 24 août 1769, où fut couronné *l'Éloge de Molière*, par Chamfort.

L'admiration contemporaine, toujours un peu suspecte d'exagération, quand elle ne l'est pas de flatterie, a décerné à Louis XIV le surnom de Grand. La postérité le

---

Trop resserré par l'art, sort des bornes prescrites,
Et de l'art même apprend à franchir leurs limites.

[1] Cette fille de Mignard étoit fort belle, et l'on a prétendu, je ne sais sur quel fondement, que Molière en avoit été très-épris. En tout cas, elle n'avoit que vingt ans, quand Molière en avoit déja cinquante. Elle épousa, en 1696, le comte de Feuquières. Son père disoit à Ninon : *Il ne lui manque rien, qu'un peu de mémoire. Tant mieux*, répondit Ninon, *elle ne citera pas.*

lui a conservé, parce qu'il fut le roi d'un grand siècle, et qu'il s'en montra digne par son art de discerner et d'employer le mérite, de l'honorer par des égards plus glorieux que les dignités, et de le récompenser par des paroles plus précieuses que l'or. Molière avoit des droits particuliers à sa bienveillance. Ce monarque, si fier au milieu de sa cour, étoit de l'humeur la plus douce et la plus facile envers les personnes de son service intérieur[1]; et, d'un autre côté, ce besoin d'amusement que rendoient plus impérieux pour lui les augustes ennuis de la représentation, lui donnoit, si je puis parler ainsi, du foible pour tous ceux qui contribuoient à ses plaisirs. Molière approchoit de sa personne comme un de ses domestiques, et aucun homme de son royaume ne lui faisoit plus souvent goûter la douceur de rire. Aussi eut-il pour lui des bontés plus signalées et plus nombreuses que pour tous les autres grands écrivains, ornemens de son règne. Il ne se contentoit pas de lui donner de fréquens témoignages de sa munificence[2], de vouloir que

---

(1) Boileau disoit : « Louis XIV, quand il est dans son domestique, « semble recevoir la loi plutôt que la donner. » (*Bolœana*, de Monchesnay, p. 108.)

(2) En 1663, Louis XIV fit comprendre Molière, pour la somme de mille francs, dans les *gratifications qu'il avoit ordonné être faites aux personnes illustres et bien versées dans toutes les sciences, tant en France qu'aux pays étrangers, et qui étoient employées au compte des bâtimens du Roi.* Suivant l'état de ces gratifications, qui vient d'être imprimé par la société des Bibliophiles françois, Molière reçut la sienne depuis 1664 inclusivement jusques et y compris 1671. Comme on ne faisoit probablement l'état des gratifications de l'année que dans les premiers mois de

sa troupe, honorée de son nom, fût particulièrement
chargée des divertissemens de sa cour [1], de goûter et
de louer ses ouvrages, quelquefois même de s'associer,
pour ainsi dire, à l'auteur, en lui indiquant soit des sujets de pièce, soit des motifs de scène [2], et de ramener
à lui, par un suffrage hautement proféré, le troupeau
des courtisans, qui, trompés d'abord par le silence du
maître, s'étoient trop pressés de se déclarer contre un
chef-d'œuvre [3]. Il faisoit plus ; il estimoit, il affectionnoit
Molière, et il entroit avec vivacité dans ses intérêts, jusque là qu'il s'indignoit des offenses faites à sa personne,
lui commandoit expressément d'en tirer vengeance, et
l'autorisoit à se prévaloir de cet ordre aussi mortifiant
pour ses ennemis qu'honorable pour lui-même [4].

---

l'année suivante, Molière, mort en février 1673, ne fut point porté sur
l'état de 1672.

(1) « Cette troupe, dit La Grange dans sa préface des *OEuvres de Mo-*
« *lière*, étoit si souvent employée pour les divertissemens du roi, qu'au
« mois d'août 1665, Sa Majesté trouva à propos de l'arrêter tout-à-fait à son
« service, en lui donnant une pension de sept mille livres. » Précédemment
appelée troupe de Monsieur, elle prit alors le titre de troupe du roi,
qu'elle garda jusqu'à sa fusion avec la troupe de l'Hôtel de Bourgogne.

(2) Chacun sait que Louis XIV indiqua à Molière le personnage du
chasseur dans *les Fâcheux*, et qu'il lui fournit le sujet des *Amans magni-*
fiques.

(3) C'est exactement ce que fit Louis XIV à la seconde représentation
du *Bourgeois gentilhomme* (voir tome VIII, pages 186 et 187 de cette
édition).

(4) Telle fut, en effet, la conduite de Louis XIV envers Molière, à
l'occasion des critiques violentes que lui avoit attirées le succès de son

Tandis que Louis XIV ne trouvoit pas au-dessous de lui de donner à Molière des marques de bienveillance et de considération, de simples domestiques de ce prince rougissoient de l'avoir pour camarade, et lui prodiguoient de grossiers mépris. Un jour qu'il se présentoit pour faire le lit du roi, un de ses confrères, qui devoit le faire avec lui, se retira brusquement, en disant qu'il ne vouloit point partager le service avec un comédien. Un autre valet-de-chambre, Bellocq [1], s'approcha aussitôt, et dit : *Monsieur de Molière, voulez-vous bien que j'aie l'honneur de faire le lit du roi avec vous?* Bellocq, que ce trait recommande à la postérité plus que tous ses vers, dont elle se souvient peu, se conduisit en homme d'esprit et en fin courtisan : il rendit hommage au génie, et il fit sa cour au maître en vengeant un serviteur qu'il aimoit. Quant à l'homme qui osa mépriser Molière, c'étoit un sot ou un fanatique, ou tous les deux ensemble; et l'on verra tout à l'heure qu'il n'étoit pas seul de son espèce. Le roi, à l'oreille de qui l'aventure étoit parvenue, et qui avoit témoigné son mécontentement de l'affront fait à Molière, prit soin, dans une autre occasion,

---

École des Femmes (voir les notes et la Notice de *l'Impromptu de Versailles*, tome III de cette édition).

(1) Pierre BELLOCQ, né à Paris en 1645, mort en 1704. Il composa quelques pièces de vers assez médiocres. Boileau, pour le punir de ce qu'il avoit critiqué sa satire contre les femmes, enchâssa malignement son nom dans un vers de son épître X. Il ne le mettoit pas en mauvaise compagnie, puisqu'il l'associoit à Regnard. Il effaça depuis les deux noms, et les remplaça par d'autres.

de le venger lui-même d'une injure toute semblable. Ces mêmes valets-de-chambre, qui auroient cru déroger en faisant le lit du roi avec Molière, répugnoient encore davantage à manger avec lui à la table du contrôleur de la bouche. Molière, qui s'étoit aperçu plusieurs fois de leurs insolens dédains, avoit cessé de se présenter à cette table. Le roi, l'ayant appris, lui dit un matin, à l'heure de son petit lever : *On dit que vous faites maigre chère ici, Molière, et que les officiers de ma chambre ne vous trouvent pas fait pour manger avec eux. Vous avez peut-être faim : moi-même je m'éveille avec un assez bon appétit. Mettez-vous à cette table, et qu'on me serve mon en cas de nuit* [1]. Alors le roi découpe sa volaille, et, après avoir ordonné à Molière de s'asseoir, il lui sert une aile, prend l'autre pour lui-même, et dit qu'on introduise les entrées familières, c'est-à-dire les personnes les plus marquantes et les plus favorisées de la cour. *Vous me voyez*, leur dit le roi, *occupé à faire manger Molière, que mes valets-de-chambre ne trouvent pas assez bonne compagnie pour eux.* De ce moment, Molière n'eut plus besoin de se présenter à cette table de service : toute la cour s'empressa de lui faire des invitations [2].

---

(1) A la cour, tous les services de prévoyance s'appellent des *en cas.* Ainsi, un *en cas,* c'est la voiture qui suit immédiatement celle où est le roi, en cas que cette dernière vienne à éprouver quelque accident ; *l'en cas de nuit,* c'est quelques viandes froides qu'on met, pour la nuit, dans sa chambre à coucher, en cas qu'il ait besoin de manger ; et ainsi de suite.

(2) Madame Campan, qui rapporte cette anecdote dans ses *Mémoires,* dit qu'un vieux médecin ordinaire de Louis XIV, qui existoit encore lors

Le cœur de Molière étoit fait pour l'amitié : l'amitié lui faisoit quelquefois oublier les peines de l'amour. Il étoit resté fidèle à ses anciens attachemens, à ses liaisons de collége. Bernier, quand il n'étoit pas aux grandes Indes, étoit souvent chez lui. Hesnault le fréquentoit aussi beaucoup. Chapelle surtout ne le quittoit presque pas : Molière étoit, après le vin et la liberté, ce qu'il chérissoit le plus au monde [1]. Ces deux hommes se ressembloient

du mariage de Louis XV (en 1725), l'avoit racontée au père de son mari. Elle semble s'étonner un peu de ce qu'une anecdote aussi *marquante* est restée ignorée ; mais elle se hâte d'ajouter : « Cependant ce vieux médecin, « nommé M. Lafosse, étoit un homme d'esprit, d'honneur, et incapable « d'inventer cette histoire. »

[1] « Chapelle, dit Saint-Marc, éditeur de ses *OEuvres*, étoit un homme « de la compagnie duquel il falloit se passer, ou s'en accommoder au « prix qu'il y mettoit. Il vouloit avoir partout, comme il le disoit lui- « même, *ses coudées franches*. Il ne souffroit, dans les autres, aucun air, « aucune hauteur. Il disoit, avec une extrême liberté, sa pensée sur tout « ce qui le choquoit. Il aimoit à railler ; il étoit fertile en bons mots, et « n'étoit retenu par aucune considération de présence, d'absence, de rang, « ni d'amitié. » Tous les traits de la vie de Chapelle attestent la parfaite ressemblance de ce portrait, qui n'en est que le résumé, l'expression abrégée. Voilà pourtant l'homme qu'un ancien biographe de Molière donne pour l'original de ce Philinte, si complaisant, si patient et si doux, tou- jours prêt à rendre avec usure les civilités qu'il reçoit, et portant la politesse jusqu'à s'extasier sur les vers d'Oronte, qu'au fond de son ame il trouve détestables ! Mais il falloit bien que Chapelle fût Philinte, puisque Molière est Alceste. Molière, Alceste !.... En effet, Molière, homme d'une rai- son supérieure et philosophe trop éclairé pour n'être pas indulgent, res- semble beaucoup au personnage bourru et emporté qui fait consister la franchise à dire des vérités gratuitement offensantes, qui est charmé de perdre un procès de vingt mille francs, parce qu'il aura, pour son argent, droit de pester contre ses juges, enfin qui hait les hommes et veut les fuir,

pourtant fort peu; ils différoient de caractère, d'humeur,
de conduite et de régime. Molière, sérieux, grave, réglé
dans ses actions et dans ses discours, blâmoit dans Chapelle cette excessive facilité qui le livroit à tous les oisifs,
à tous les indifférens que divertissoit son entretien plein
de saillies folles et piquantes; il le grondoit surtout de
ces orgies continuelles, où s'évaporoient et quelquefois
s'éteignoient les brillantes qualités d'un esprit original.
Chapelle, de son côté, plaignoit Molière de sa mauvaise
santé, mais plaisantoit des embarras de sa profession, et
se moquoit des troubles de son ménage [1]. Chapelle,

---

au lieu de les supporter, de les plaindre et de les secourir au besoin! Molière, qui ne pouvoit certes pas croire qu'un homme sensé dût agir et
parler de la sorte, connoissoit donc son propre travers, et s'amusoit à le
jouer en public, au lieu de s'en corriger? Et, s'il se voyoit lui-même sous les
traits d'Alceste, s'il s'étoit peint avec vérité dans ce personnage, ses contemporains, ses amis ne surent donc pas le reconnoître, puisqu'ils s'obsti-
nèrent tous à désigner un autre original? Est-il rien de plus absurde? Il
est certain toutefois que Molière, amoureux et jaloux d'une épouse coquette, eut occasion de mettre quelque chose de ses sentimens dans la
bouche d'Alceste, amant de Célimène. Voilà tout ce qu'il y a de vrai, et
ce que tout le monde a reconnu, du vivant de Molière, comme depuis sa
mort. Le reste est une vision ridicule qui ne mérite pas même d'être com-
battue.

(1) Chapelle, écrivant à Molière (voir *OEuvres de Chapelle et de Bachaumont,* p. 186), lui adresse des vers, qu'il l'engage fort à ne pas montrer à *ses femmes;* et il ajoute: « Je les ai faits pour répondre à cet endroit
« de votre lettre, où vous particularisez le déplaisir que vous donnent les
« partialités de vos trois grandes actrices pour la distribution de vos rôles.
« Il faut être à Paris pour en résoudre ensemble, et, tâchant de faire réussir
« l'application de vos rôles à leur caractère, remédier à ce démêlé qui vous
« donne tant de peine. En vérité, grand homme, vous avez besoin de

qui avoit une fois enivré Boileau pendant que le satirique
lui faisoit un beau sermon contre l'ivrognerie, parle d'un
repas au cabaret de la Croix de Lorraine, où il a vu
Molière *boire assez pour, vers le soir, être en goguettes* [1].
Molière, de même que Despréaux, pouvoit quelquefois
s'oublier; mais il buvoit plus de lait que de vin, tandis
que Chapelle étoit toujours ivre.

Ce fameux souper d'Auteuil, dont un de nos poëtes
les plus élégans a fait, pour la scène, un petit tableau
rempli de grace et de gaieté [2], est rejeté par Voltaire au
nombre de ces historiettes qui ne méritent aucune
créance; mais Louis Racine, tout en reconnoissant que
l'aventure est *peu croyable*, déclare qu'elle n'en est pas
moins *très-véritable;* et il y a tout lieu de croire qu'il la
tenoit de Boileau même, qui étoit du souper, et racon-

« toute votre tête, en conduisant les leurs, et je vous compare à Jupiter
« pendant la guerre de Troie... Qu'il vous souvienne de l'embarras où ce
« maître des dieux se trouva pendant cette guerre, sur les différens de la
« troupe céleste, pour réduire les trois déesses à ses volontés. » Ce qu'il y
a de plus remarquable dans ce passage, c'est le titre de *grand homme*,
donné à Molière par Chapelle, titre qu'on ne décerne guère aux hommes
vivans qui en sont le plus dignes.

(1)   Molière, que bien connoissez,
                Et qui vous a si bien farcés,
                Messieurs les coquets et coquettes,
                Le suivoit; et buvoit assez
                Pour, vers le soir, être en goguettes.

Lettre au marquis de Jonsac, *OEuvres de Chapelle*, p. 190.

(2) M. Andrieux, dans sa petite comédie de *Molière avec ses amis*, ou
la Soirée d'Auteuil.

toit souvent cette folie de sa jeunesse. Un biographe de
Molière ne peut donc se dispenser de la raconter aussi ;
mais il n'est pas obligé du moins d'admettre dans son
récit cette foule de circonstances romanesques dont Grimarest a la manie de charger tous les siens. Molière avoit
loué une petite maison dans ce même village d'Auteuil [1],
où plus tard Boileau en possédoit une [2]. Un jour, plusieurs de ses amis [3] s'y étoient réunis pour souper. Le
vin, contre l'ordinaire, leur ayant inspiré des pensées
sérieuses, ils se mirent à moraliser sur les misères de la
vie, et à commenter cet axiome des anciens, Que le premier bonheur est de ne point naître, et le second de
mourir promptement [4]. Quand, à force de boire, ils se
furent convaincus que l'existence leur étoit à charge, ils
formèrent la résolution d'aller sur-le-champ se jeter dans
la rivière. Elle n'étoit pas loin ; et ils y alloient, lorsque

---

(1) La maison qu'occupoit Molière à Auteuil, étoit à l'entrée du village,
du côté de la rivière. Elle a été détruite, et le terrain qu'elle occupoit fait
maintenant partie de la propriété de M. le duc de Praslin.

(2) Boileau n'acheta sa maison d'Auteuil qu'en 1685.

(3) Les convives étoient, dit-on, Jonsac, Nantouillet, Despréaux,
Lulli, Baron, et quelques autres.

(4) On lit, dans les *Tusculanes*, livre I, ch. 48 : *Affertur etiam de Si-
leno fabella quœdam, qui, quùm a Mida captus esset, hoc ei muneris pro
sua missione dedisse scribitur : docuisse regem, Non nasci homini longe
optimum esse ; proximum autem, quamprimum mori.* « On rapporte aussi
« de Silène, qu'ayant été pris par le roi Midas, il lui enseigna, comme une
« maxime d'assez grand prix pour payer sa rançon, Que le mieux qui puisse
« arriver à l'homme, c'est de ne point naître ; et que le plus avantageux
« pour lui, quand il est né, c'est de mourir promptement. »

Molière leur représenta qu'une si belle action ne devoit pas être ensevelie dans les ténèbres de la nuit, et qu'elle méritoit d'être faite en plein jour. Ils s'écrièrent tous : *Il a raison ;* et Chapelle ajouta : *Oui, ne nous noyons que demain matin, et, en attendant, allons boire le vin qui nous reste.* Il est inutile de dire que le lendemain ils se sentirent résignés à supporter le fardeau de la vie.

Il est une autre aventure où Molière et Chapelle figurent encore. Elle a pour unique autorité le périlleux témoignage de Grimarest [1]; mais elle n'a rien d'invraisem-

---

(1) Dans ces dernières années, on a réimprimé deux fois la *Vie de Molière* par Grimarest. Je n'ai point à m'informer des motifs qui ont pu porter à reproduire un tel ouvrage ; mais je dois peut-être justifier le mépris avec lequel j'en parle chaque fois que l'occasion s'en présente. Voltaire m'en avoit donné l'exemple dans le récit très-élégant, mais trop abrégé sans doute, qu'il a fait de la Vie de notre grand comique ; et Voltaire ignoroit alors (en 1730) ce que Despréaux avoit dit de l'ouvrage de Grimarest dans des lettres dont le recueil ne fut publié que long-temps après (en 1770). Despréaux écrivoit à Brossette (en 1706) : « Pour ce qui est de la *Vie de Molière,* franchement ce n'est point un ouvrage qui mérite qu'on en parle. Il « est fait par un homme qui ne savoit rien de la vie de Molière ; et il se « trompe dans tout, ne sachant pas même les faits que tout le monde sait. » J.-B. Rousseau, enchérissant sur ces dédains, écrivoit, quelques années plus tard, à ce même Brossette : « La prétendue *Vie de Molière* est tombée, « dès sa naissance, dans un mépris universel, n'étant qu'un amas indigeste « de petitesses, de faussetés et de misérables détails, indignes également « du sujet et du lecteur. » Ailleurs il demande hautement qu'on exclue d'une édition de Molière, à laquelle il promettoit de donner quelques soins, « Cette misérable *Vie,* où on ne voit ni vérité, ni style, ni sens commun, « ouvrage plus propre à rendre méprisable et ridicule cet illustre auteur, « qu'à donner la moindre lumière sur ses écrits et sur sa personne. » Enfin, Rousseau, ne pouvant s'en taire, écrit dans le même temps à M. Chauvelin,

blâble, et la vérité des caractères y est bien observée,
puisque Chapelle y agit comme un fou, et que Molière
s'y conduit comme un sage. Le premier avoit un vieux domestique à qui il permettoit, depuis long-temps, de s'as-
séoir en face de lui dans son carrosse. Un jour, sortant
de chez Molière à Auteuil, et chaud de vin comme à son
ordinaire, il lui prend fantaisie de bannir ce valet de sa
place accoutumée, et de le faire monter derrière. Godemer (c'est le nom du vieux serviteur), Godemer, qui
connoît son maître, ne fait d'abord aucune attention à
ce nouveau caprice. Chapelle insiste, et veut être obéi.
Godemer alors se récrie; il allègue la longue possession

---

maître des requêtes : « Outre que cette prétendue *Vie de Molière* est pi-
« toyablement écrite, les traits historiques dont elle est remplie ont quel-
« que chose de si bas et de si indigne d'un homme comme Molière, que,
« quand on ne sauroit pas, d'ailleurs, que la plupart sont faux et controu-
« vés, leur seule lecture suffiroit pour faire regretter le temps qu'on a perdu
« à les lire. »

   Les nouveaux éditeurs de l'ouvrage de Grimarest attestent qu'il fut écrit
presque sous la dictée de Baron. Rousseau leur avoit répondu d'avance.
Engageant Brossette, qui songeoit aussi à écrire une Vie de Molière, à ne
rien avancer que sur des témoignages tout-à-fait irrécusables, il ajoutoit :
« Celui de notre cher Baron peut être fort bon à certains égards; mais vous
« l'avez connu; vous savez que le talent qu'il avoit de peindre emportoit
« quelquefois son imagination au-delà des bornes du vrai. L'auteur de la
« prétendue *Vie de Molière* a trop consulté notre ami, et trop peu sa rai-
« son; et, pour avoir, sans discernement, transporté sur le papier toutes
« les bagatelles fausses ou vraies qu'il lui avoit ouï conter, sans avoir pu y
« transporter les agrémens avec lesquels il les contoit, il a fait, d'un seul
« coup, *un des plus faux et des plus ennuyeux romans qui aient jamais
« paru.* »

et son grand âge : qu'a-t-il fait, d'ailleurs, pour mériter une telle humiliation? et que va-t-on dire de lui s'il la subit? Chapelle, que l'argumentation courrouce, se met à employer la force. Godemer fait résistance. Le maître et le valet se gourment, et le cocher fait d'inutiles efforts pour mettre le holà. Molière, qui, de sa fenêtre, voyoit cette étrange scène, accourt, est pris pour juge, entend les parties, et, voulant concilier le droit qui étoit du côté du maître, avec la raison qu'avoit pour lui le valet, il prononce cette sentence : *Godemer, je vous condamne à monter derrière le carrosse jusqu'au bout de la prairie; et là vous demanderez fort honnétement à votre maître la permission d'y rentrer : je suis sûr qu'il vous la donnera.* Chapelle s'extasie sur la profonde sagesse de ce jugement, et fait grace entière à son valet. *Ma foi*, dit-il à Molière, *je vous suis obligé; car cette affaire-là m'embarrassoit : elle avoit sa difficulté. Adieu, mon cher ami, tu juges mieux qu'homme de France.*

Les autres amis de Molière étoient dignes de lui. Il suffit de citer leurs noms : c'étoient Boileau, La Fontaine, le célèbre physicien Rohault [1], et cet abbé Lamotte-le-Vayer, dont il déplore la mort prématurée dans un son-

---

(1) Jacques ROHAULT, né à Amiens en 1620, mort à Paris en 1675. Il étoit cartésien aussi déterminé que Bernier étoit gassendiste. On a dit très-faussement que Molière s'étoit moqué de lui dans le personnage de Pancrace, du *Mariage forcé*, et non moins faussement qu'il avoit voulu lui emprunter son chapeau pour le rôle du maître de philosophie, dans *le Bourgeois gentilhomme.*

net touchant, accompagné d'une lettre plus touchante encore [1].

Boileau, fléau des mauvais poëtes, mais, censeur utile et approbateur courageux des bons écrivains, avoit pour Molière une estime profonde, dont ses vers et ses discours rendent plus d'une fois témoignage. On sait qu'il l'appeloit *le contemplateur :* c'est un éloge tout entier que ce surnom [2]. Louis XIV lui demandant *quel étoit le plus rare des grands écrivains qui avoient honoré la France pendant son règne : Sire, c'est Molière,* répondit-il sans hésiter. *Je ne le croyois pas,* répliqua le roi ; *mais vous vous y connoissez mieux que moi.* Admirable dialogue, où Boileau, s'élevant au-dessus des idées de son siècle, devance le jugement de la postérité, et où Louis XIV soumet avec docilité son opinion à celle d'un de ses sujets qui n'étoit qu'un grand poëte !

La Fontaine avoit deviné tout le génie de Molière, lorsque, à son début, de foibles essais ne le faisoient encore présager à personne [3] ; et Molière prédit l'immortalité de La Fontaine, à qui ses autres contemporains osoient

---

(1) Voir ce *sonnet* et cette *lettre,* t. IX, p. 5o3 de cette édition, où ils ont été imprimés pour la première fois.

(2) « Boileau ne se lassoit point d'admirer Molière... Il disoit que la « nature sembloit lui avoir révélé tous ses secrets, du moins pour ce qui « regarde les mœurs et les caractères des hommes. » (*Bolœana,* de Monchesnay.)

(3) Voir, dans la Notice sur *les Fâcheux,* t. II, p. 463 et 464 de cette édition, le jugement que La Fontaine porta sur l'auteur, qu'il ne fréquentoit pas encore, et sur la pièce, dont il venoit de voir la représentation.

à peine promettre quelques succès viagers. A un souper chez Molière, La Fontaine étoit accablé de railleries piquantes par Boileau, Racine et d'autres amis. Le *bonhomme* (c'est le nom qu'ils lui donnoient) essuya leurs sarcasmes avec tant de douceur, que Molière en eut pitié, et dit tout bas à son voisin, le musicien Descosteaux : *Ne nous moquons pas du bonhomme; il vivra peut-être plus que nous tous* [1].

Molière avoit dix-huit ans de plus que Racine. Pendant quelques années, ils furent amis autant que le permettoit cette différence d'âge; et les mêmes sociétés, les mêmes repas les réunissoient souvent [2]. Molière, dit-on, avoit donné au jeune Racine le sujet et le plan de *la Thé-*

---

(1) C'est ainsi que L. Racine rapporte ce mot. D'autres le citent de cette manière : *Nos beaux-esprits ont beau se trémousser, ils n'effaceront pas le bonhomme.* La leçon de L. Racine me semble préférable à tous égards. Non-seulement elle mérite plus de confiance, venant d'un homme qui avoit trouvé, dans sa famille même et dans la fréquentation de Boileau, la tradition de tout ce qui concernoit les grands poëtes du siècle de Louis XIV; mais encore Molière, s'associant, pour ainsi dire, au tort de ses convives, et se mettant du nombre de ceux qui, suivant lui, pourroient bien ne pas vivre aussi long-temps que La Fontaine dans la postérité, parle d'une manière plus convenable, plus modeste, moins caustique, en tout plus digne de lui.

(2) On aperçoit dans les Lettres de Racine, quelques traces de leur première liaison. « Je n'ai pas trouvé aujourd'hui le comte de Saint-Aignan « au lever du roi; mais j'y ai trouvé Molière, à qui le roi a donné assez « de louanges, et j'en ai été bien aise pour lui; il a été bien aise aussi que « j'y fusse présent (novembre 1663). » — « Je n'ai point vu *l'Impromptu* « (*de Versailles*), ni son auteur, depuis huit jours; j'irai tantôt (décem- « bre 1663). »

baïde, et il avoit joint à ce don celui d'une bourse de cent louis. Racine fut trop peu reconnoissant. Après avoir fait représenter ses *Frères ennemis* et son *Alexandre* sur le théâtre de Molière, il autorisa les comédiens de l'Hôtel de Bourgogne à jouer aussi cette dernière tragédie; ensuite il leur donna son *Andromaque*; et, afin d'en mieux assurer le succès, il enrôla pour eux mademoiselle Duparc, la meilleure actrice tragique de la troupe du Palais royal. Molière ressentit vivement ces procédés peu délicats qui blessoient son cœur et nuisoient à ses intérêts. De ce moment, sa liaison avec Racine fut rompue. On doit regretter que deux hommes de génie, dont l'un avoit été le bienfaiteur de l'autre, ne soient pas restés unis; mais du moins on n'a point à gémir des suites de leur mésintelligence, qui ne fut marquée par aucun trait perfide, par aucun éclat fâcheux. Loin de là : on les vit se rendre mutuellement justice, et se défendre réciproquement au sujet de leurs ouvrages. On vint annoncer à Racine que *le Misanthrope* étoit tombé. *Rien n'est si froid*, ajoutoit-on; *vous pouvez m'en croire, j'y étois. Vous y étiez*, reprit-il, *et je n'y étois pas; cependant je n'en croirai rien, parce qu'il est impossible que Molière ait fait une mauvaise pièce.* Molière assistoit aux *Plaideurs*, que le public recevoit mal. *Cette comédie est excellente*, s'écriat-il; *et ceux qui s'en moquent méritent qu'on se moque d'eux.* Racine eut le mérite assez rare de pardonner à Molière le mal qu'il lui avoit fait, et de se montrer équitable à son égard; mais Molière fut doublement généreux, en oubliant les torts d'un ami ingrat, et en soutenant, contre le jugement public, un auteur qui pouvoit lui faire craindre un rival.

Corneille et Molière, entre qui existoit une distance d'âge aussi grande qu'entre Molière et Racine, et dont les sociétés, ainsi que les habitudes, étoient fort différentes, ne furent jamais liés d'amitié; mais, livrés tous deux aux travaux du théâtre, ils ne purent demeurer étrangers l'un à l'autre. Cet abbé d'Aubignac, qui indisposoit le grand Condé contre les règles dramatiques, parce que, s'il les savoit bien, il s'en servoit encore plus mal [1], accusa Corneille de jalousie envers Molière, à l'occasion du succès de *l'École des Femmes* [2]. Cette ac-

---

(1) On connoît le mot du grand Condé au sujet de la tragédie de *Zénobie*, par l'abbé d'Aubignac. *Je sais bon gré*, disoit-il, *à l'abbé d'Aubignac d'avoir si bien suivi les règles d'Aristote; mais je ne pardonne pas aux règles d'Aristote d'avoir fait faire une si mauvaise tragédie à l'abbé d'Aubignac.*

(2) L'abbé d'Aubignac, dans sa *Quatrième dissertation concernant le poëme dramatique*, reproche à Corneille de s'être avisé, sur ses vieux jours, *d'accroître son nom*, en se faisant appeler *M. de Corneille*; et il lui rappelle, à ce sujet, le ridicule que *son petit frère*, Thomas Corneille, avoit eu de se donner le surnom de *M. de Lisle*; ridicule dont on prétend que Molière s'est moqué dans *l'École des Femmes*. « Je vous demande pardon, « ajoute-t-il, si je vous parle de cette comédie, qui vous fait désespérer, et « que vous avez essayé de détruire par votre cabale, dès la première repré- « sentation. » Plus loin, il dit : « Le poëte qui fait profession de fournir le « théâtre, et d'entretenir, durant toute sa vie, la satisfaction des bourgeois, « ne peut souffrir de compagnon. Il y a long-temps qu'Aristophane l'a dit : « il se ronge de chagrin quand un seul poëme occupe Paris durant plu- « sieurs mois; et *l'École des Maris* et celle *des Femmes* sont les trophées « de Miltiade, qui empêchent Thémistocle de dormir. »

k.

cusation de l'auteur de *Zénobie* contre l'auteur du *Cid*,
ne laisseroit aucune impression dans les esprits, si elle
n'étoit fortifiée du témoignage d'un ami et d'un admirateur passionné de Corneille. Corneille, s'il faut en croire
Segrais, sentant combien il étoit inférieur à Molière
dans la comédie, en étoit jaloux, et ne pouvoit s'empêcher de le témoigner [1]. Que Corneille ait été jaloux de
Racine, comme on l'a dit aussi, bien qu'il soit pénible
de le penser, il est aisé de le concevoir. Mais en quoi
Molière, avec tous ses succès dans la comédie, pouvoit-il
faire ombrage à l'homme qui avoit triomphé tant de fois
sur la scène tragique? Ce seroit ici trop de modestie. Et
comment l'auteur de *Mélite*, de *la Veuve*, de *la Galerie
du Palais*, de *la Suivante*, de *la Place royale*, pouvoit-il
se croire, en qualité de poëte comique, le rival de l'auteur du *Misanthrope*, de *Tartuffe*, de *l'Avare* et des
Femmes savantes? Ce seroit là trop d'orgueil. Comment
plutôt celui qui avoit fait autrefois *le Menteur*, n'applau-
dissoit-il pas aux triomphes d'un jeune auteur, à qui il
avoit ouvert et ensuite abandonné la carrière comique,
après y avoir marqué lui-même ses pas par un chef-
d'œuvre? Quoi qu'il en soit, Corneille et Molière eurent
plus d'une occasion de rapprochement et de bons procédés l'un envers l'autre. *Alexandre* avoit peu réussi au
théâtre du Palais royal. Il obtint, sur celui de l'Hôtel de
Bourgogne, un grand succès, que suivit de près la
chute d'*Agésilas;* et les comédiens sembloient, ainsi que

---

[1] *OEuvres de Segrais*, t. II, p. 158.

la fortune, délaisser le vieux poëte, pour se tourner du côté de son jeune et brillant rival. Corneille, blessé de cette ingratitude, fit représenter *Attila* par la troupe de Molière. Plus tard, Molière, trop pressé par le temps pour achever *Psyché*, eut recours à Corneille, que ce partage mit à même de prouver un nouveau talent et d'acquérir une nouvelle gloire. Molière vit donc de près travailler Corneille; et c'est pour l'avoir observé, qu'il se crut en droit de dire : *Il a un lutin qui vient de temps en temps lui souffler d'excellens vers, et qui ensuite le laisse là, en disant :* Voyons comme il s'en tirera quand il sera seul; *et il ne fait rien qui vaille, et le lutin s'en amuse.*

Il m'en coûteroit, je l'avoue, d'avoir à placer Lulli au rang des amis de Molière, Lulli, dont le caractère vil et les mœurs infames étoient l'objet du mépris universel [1]. Ils unirent plusieurs fois leurs talens pour l'amusement du roi; mais, plusieurs fois aussi, Molière, dans ses ouvrages, semble laisser échapper quelques traits de

---

(1) Brossette et Monchesnay attestent l'un et l'autre que Boileau a voulu peindre Lulli dans ces vers de son épître IX :

En vain, par sa grimace, un bouffon odieux
A table nous fait rire et divertit nos yeux;
Ses bons mots ont besoin de farine et de plâtre.
Prenez-le tête à tête, ôtez-lui son théâtre,
Ce n'est plus qu'un cœur bas, un coquin ténébreux :
Son visage essuyé n'a plus rien que d'affreux.

Jean-Baptiste LULLI naquit à Florence en 1633, et mourut à Paris en 1687.

l'humeur que lui inspiroit une association plus incom-
mode que glorieuse; et, quand il disoit, *Lulli, fais-nous
rire*, il ne prouvoit nullement qu'il eût pour lui de l'affection. Ce mot s'adressoit à un bouffon, et non pas à
un ami.

L'épicurisme relâché de Ninon [1] et de ses amis, qui
avoient été presque tous ses amans, n'étoit pas tout-à-
fait celui de Molière. Cependant l'entretien vif et brillant de la moderne Leontium n'étoit ni sans charme, ni
sans profit pour lui : il lui soumettoit même volontiers
ses ouvrages. L'abbé de Châteauneuf, le dernier amant
de Ninon et le parrain de Voltaire, raconte l'anecdote
suivante : « Je me rappelle, dit-il, une particularité que
« je tiens de Mólière lui-même, qui nous la raconta peu
« de jours avant la première représentation du *Tartuffe*.
« On parloit du pouvoir de l'imitation. Nous lui deman-
« dâmes pourquoi le même ridicule qui nous échappe
« souvent dans l'original, nous frappe à coup sûr dans
« la copie. Il nous répondit que c'est parce que nous le
« voyons alors par les yeux de l'imitateur qui sont meil-
« leurs que les nôtres : car, ajouta-t-il, le talent de l'a-
« percevoir par soi-même n'est pas donné à tout le monde.
« Là-dessus il nous cita Ninon comme la personne qu'il
« connoissoit sur qui le ridicule faisoit une plus prompte
« impression; et il nous apprit qu'ayant été la veille lui

---

(1) Anne DE L'ENCLOS, ordinairement appelée NINON, naquit à Paris
en 1616, et mourut dans la même ville en 1706, âgée de quatre-vingt-dix
ans.

« lire son *Tartuffe* (selon sa coutume de la consulter sur
« tout ce qu'il faisoit), elle le paya en même monnoie
« par le récit d'une aventure qui lui étoit arrivée avec
« un scélérat à peu près de cette espèce, dont elle lui fit
« le portrait avec des couleurs si vives et si naturelles,
« que, si sa pièce n'eût pas été faite, nous disoit-il, il
« ne l'auroit jamais entreprise, tant il se seroit cru in-
« capable de rien mettre sur le théâtre d'aussi parfait que
« le *Tartuffe* de Ninon [1]. » En tenant l'anecdote pour
vraie, convenons que Molière étoit trop modeste, et fé-
licitons-nous de ce qu'il avoit fait sa pièce avant d'entendre le récit de Ninon.

Malade incrédule ou plutôt désabusé [2], Molière n'en
avoit pas moins pour ami son médecin, qui se nommoit
Mauvilain. Le roi, les voyant ensemble à son dîner, dit
à Molière : *Voilà donc votre médecin. Que vous fait-il?*
— *Sire, nous raisonnons ensemble; il m'ordonne des re-*
mèdes; je ne les fais pas, et je guéris.[3] Ce n'étoit là

---

(1) Ce passage est tiré d'un ouvrage de l'abbé de Châteauneuf, intitulé
Dialogue sur la Musique des Anciens, in-12, Paris, 1725. Voltaire, qui
tenoit sans doute de l'abbé de Châteauneuf, son parrain, l'aventure qu'avoit
racontée Ninon, en fit sa comédie du *Dépositaire*.

(2) Un contemporain de Molière assure pourtant qu'il n'étoit pas convaincu lui-même de tout ce qu'il disoit contre les médecins. « S'il avoit eu
« le temps d'être malade, dit-il, il ne seroit pas mort sans médecin... Mo-
« lière, ce même Molière, pendant une oppression, s'est fait saigner jus-
« ques à quatre fois pour un jour. » *Mercure galant*, t. IV, p. 277 et 290.

(3) Après les traits sans nombre que Molière a lancés dans ses comédies
contre les médecins, il sembleroit qu'il ne dût plus lui en rester pour la
conversation. En voici un cependant qui mérite d'être rapporté. *Un mé-*

malheureusement qu'une saillie sans vérité : Molière ne guérissoit pas plus que s'il eût exécuté ponctuellement les ordonnances de son docteur. C'est ce même docteur qui lui fournissoit les termes de médecine dont il faisoit un si plaisant usage dans ses pièces; et, pour que tout fût singulier dans le commerce qu'ils avoient entre eux, Molière, excommunié par l'église, obtint un canonicat pour le fils du médecin qui l'aidoit à se moquer de la faculté [3].

J'ai montré Molière dans son ménage, à la cour et avec ses amis. Il me reste à le faire voir au milieu de sa troupe. Cette troupe étoit sa famille; il en étoit le père plus encore que le chef. Il l'avoit formée lui-même dans les premières années de sa vie théâtrale; et presque tous ceux qui la composoient restèrent avec lui jusqu'à sa mort. C'est en partie pour eux qu'il avoit refusé le poste que le prince de Conti lui offroit auprès de lui; c'est pour eux qu'il continua jusqu'à la fin l'exercice d'une profession que sa santé et d'autres considérations lui conseilloient d'abandonner [2]; c'est pour eux enfin, c'est

---

decin, disoit-il, est un homme que l'on paie pour conter des fariboles dans la chambre d'un malade, jusqu'à ce que la nature l'ait guéri, ou que les remèdes l'aient tué.

(1) Voir le *Troisième placet*, en tête de *l'Imposteur*, p. 29 du t. VI de cette édition.

(2) Une déclaration du roi, du 16 avril 1641, relative aux comédiens, « vouloit que leur exercice, qui peut innocemment divertir les peuples de « diverses occupations mauvaises, ne pût leur être imputé à blâme, ni « préjudicier à leur réputation dans le commerce public. » Mais l'opinion,

pour ne point leur faire tort de quelque argent, qu'il voulut paroître sur le théâtre le jour où il en descendit pour n'y plus remonter : on peut donc dire qu'il vécut

---

plus forte que les lois, continua d'imprimer une sorte de flétrissure à la profession de comédien; et l'on croit généralement que l'Académie, en se privant de l'honneur d'admettre Molière dans son sein, obéit à l'empire de ce préjugé barbare. Cependant on raconte, d'après le témoignage de La Motte, que, Colbert ayant témoigné son étonnement de ce que Molière n'étoit pas de l'Académie, et son désir qu'il en fût, l'Académie avoit décidé de lui donner la première place vacante, à condition qu'il ne joueroit plus que dans les rôles de haut comique. Les uns prétendent qu'il se refusa à cet arrangement; les autres disent que sa mort précipitée en empêcha l'exécution; d'autres, enfin, le regardent comme invraisemblable, attendu qu'il n'y a pas de différence essentielle entre le comédien qui reçoit des coups de bâton et celui qui les donne.

Quoi qu'il en soit, l'Académie, pour se consoler de n'avoir pu recevoir Molière de son vivant, l'adopta de plusieurs manières après sa mort, d'abord en proposant son éloge pour sujet du prix d'éloquence de 1769; ensuite en décidant que son buste orneroit à l'avenir le lieu de ses séances. L'extrait suivant des registres de l'Académie constate cette dernière circonstance.

« Du lundi 23 novembre 1778.

« M. le secrétaire (d'Alembert) a prié l'Académie de vouloir bien accep-
« ter le buste de Molière, fait par M. Houdon. La compagnie a, d'une voix
« unanime, accepté le don de M. le secrétaire, qui a proposé différentes
« inscriptions pour ce buste. Les académiciens présens ont promis de penser
« chacun de leur côté à cet objet, et de proposer leurs inscriptions, entre
« lesquelles l'Académie choisira celle qui lui paroîtra la plus convenable. »

« Du jeudi 26 novembre.

« L'Académie a choisi, d'une voix unanime, pour le buste de Molière,
« l'inscription suivante, proposée par M. Saurin :

« J.-B. POQUELIN DE MOLIÈRE, 1778.

« Rien ne manque à sa gloire; il manquoit à la nôtre. »

et mourut victime de l'intérêt tout paternel qu'il leur portoit.

Quelles leçons, quels exemples ne recevoient-ils pas, pour leur art, d'un homme qui, au génie du poëte comique, unissoit, dans un degré presque égal, le talent du comédien [1]? A quel point de perfection presque idéale ne devoit pas s'élever la représentation d'une pièce de Molière, où, faisant lui-même le principal personnage, il étoit secondé par des acteurs qu'il avoit longuement pénétrés de l'esprit de leur rôle; et qu'il animoit de sa présence sur le théâtre [2]? Quelle justesse dans les dé-

---

[1] Dès long-temps, la réputation du comédien est absorbée dans la gloire du poëte; mais, du vivant de Molière, l'une sembloit égaler l'autre et presque la surpasser. Ses ennemis aimoient à attribuer le succès de ses pièces à la perfection de son jeu. Il est certain qu'il n'épargnoit ni soin, ni peine, pour exceller dans sa profession d'acteur. On assure qu'il ne manquoit pas une représentation du fameux Scaramouche (Tiberio Fiurilli), le meilleur pantomime de son temps : aussi disoit-on qu'il étoit son élève, et qu'il lui devoit tout son talent. De Visé caractérisoit ainsi ce talent : « Molière étoit comédien depuis les pieds jusqu'à la tête. Il sembloit qu'il « eût plusieurs voix; tout parloit en lui; et, d'un pas, d'un sourire, d'un « clin d'œil, d'un remuement de tête, il faisoit plus concevoir de choses, « que le plus grand parleur n'auroit pu en dire en une heure. » (*Mercure galant*, t. IV, p. 302 et 303.)

[2] Molière joua dans la plupart de ses pièces; il créa les rôles suivants : Mascarille, de *l'Étourdi* et des *Précieuses ridicules*; Albert, du *Dépit amoureux*; Sganarelle, du *Cocu imaginaire*, de *l'École des Maris*, du *Mariage forcé*, du *Festin de Pierre*, de *l'Amour médecin*, et du *Médecin malgré lui*; don Garcie; Éraste, des *Fâcheux*; Arnolphe, de *l'École des Femmes*; Molière, de *l'Impromptu de Versailles*; Moron et Lyciscas, de *la Princesse d'Élide*; Alceste, du *Misanthrope*; don Pèdre, du *Sicilien*; Orgon, de

tails, quelle harmonie dans l'ensemble ne devoient pas résulter de ce concours unique de circonstances [1]? Tous les contemporains de Molière en furent frappés, et je n'aurois que l'embarras du choix parmi les témoignages de leur enthousiasme. De Visé, parlant de *l'École des Femmes*, dit : « Jamais comédie ne fut si bien représen-« tée, ni avec tant d'art : chaque acteur sait combien « il y doit faire de pas, et toutes ses œillades sont comp-« tées [2]. » Segrais dit quelque part : « On a vu par son « moyen ce qui ne s'étoit pas encore vu, et ce qui ne se « verra jamais ; c'est une troupe accomplie de comédiens « formée de sa main, qui ne peut pas avoir de pareille : « c'est une des particularités remarquables du siècle d'où

Tartuffe ; George Dandin ; Harpagon, *de l'Avare ;* Pourceaugnac ; Cliti-das, des *Amans magnifiques ;* Jourdain, du *Bourgeois gentilhomme ;* Zé-phyre, de *Psyché ;* Géronte, des *Fourberies de Scapin ;* et Argan, du *Malade imaginaire.*

(1) Madame Molière avoit un petit travers dont on assure que la tradition ne s'est point perdue au théâtre ; c'étoit de consulter, pour son habillement, plutôt les intérêts de son amour-propre, que le caractère et la situation de son personnage. On raconte que, pour le rôle d'Elmire, elle s'étoit fait faire, à l'insu de son mari, un habit magnifique. Molière, entrant dans sa loge avant la représentation, et, la voyant ainsi parée, s'écria : *Comment donc ! Mademoiselle, que voulez-vous dire avec cet ajustement ? Ne savez-vous pas que vous êtes incommodée dans la pièce ? et vous voilà éveillée et ornée comme si vous alliez à une fête ! Déshabillez-vous vite, et prenez un habit convenable à la situation où vous devez être.* On ajoute que Madame Molière en eut beaucoup d'humeur : ce n'est pas ce qu'il y a de moins croyable dans l'anecdote.

(2) *Nouvelles nouvelles,* par de Visé, IIIe partie, p. 234. Paris, 1663.

« nous allons sortir [1]. » Molière, comme s'il se fût douté
que la postérité seroit curieuse de savoir de quelle manière il instruisoit et dirigeoit sa troupe, nous fait assis-
ter, dans *l'Impromptu de Versailles*, à une répétition
où elle figure presque en entier. Nous le voyons dessiner
chaque caractère, indiquer les traits propres à chaque
ridicule, donner des instructions précises à ceux qui en
ont besoin, et abandonner à eux-mêmes ceux qu'un
heureux instinct guide plus sûrement que toutes les leçons de l'art [2]; nous le voyons recommander à tous le
naturel, qualité qui devroit être commune, mais qui est
la plus rare de toutes, parce que la sotte vanité, le faux
jugement et le mauvais goût conspirent à l'envi pour la
détruire.

De tous les acteurs de sa troupe, celui que Molière
chérit le plus et à qui il donna le plus de soins, ce fut
Baron [3]. Il faisoit, à douze ans, la fortune d'une troupe
enfantine qui couroit les foires de Paris et de la pro-

---

(1) *OEuvres de Segrais*, t. II, p. 159.

(2) Molière avoit confié à Beauval le rôle de Thomas Diafoirus. Madame
Beauval lui dit avec impatience, pendant une des répétitions : *Vous nous
tourmentez tous, et vous ne dites mot à mon mari. J'en serois bien fâché*,
répondit Molière ; *je lui gâterois son jeu : la nature lui a donné de meil-
leures leçons que les miennes pour ce rôle.*

(3) Michel BOYRON, dit BARON, né à Paris en 1653, mort en 1729 :
auteur de *l'Homme à bonnes fortunes*, où il semble avoir peint sa fatuité et
ses grands airs; et prête-nom de *l'Andrienne*, du Père La Rue, qu'il auroit
pu faire lui même, si, comme Duclos le donne à entendre, il étoit familia-
risé avec les lettres latines.

vince. S'il eût continué ce genre de vie, sa jeunesse se seroit flétrie dans les habitudes d'un obscur libertinage, et ses heureuses dispositions auroient péri dans le germe sur d'ignobles tréteaux peu propres à les développer. Pour l'arracher à ce double danger, Molière eut recours à l'autorité du roi : Baron lui fut accordé par lettres de cachet. Ce fut une précieuse acquisition pour son théâtre; mais ce fut aussi un nouveau sujet de trouble dans son ménage, qui n'avoit pas besoin de ce surcroît. Madame Molière devint jalouse des bontés de son mari pour le jeune Baron, et elle s'emporta même un jour jusqu'à lui donner un soufflet. La nature et Molière, ces deux maîtres dont les leçons étoient dans un si parfait accord, firent de Baron le premier comédien de son siècle. Molière ne se bornoit pas à cultiver son talent; il travailloit aussi à former son esprit et son cœur. Il profitoit des moindres événemens pour lui en faire démêler les causes et tirer les conséquences; il s'appliquoit surtout à lui inspirer des sentimens nobles et généreux. Un pauvre comédien, nommé Mondorge, qui avoit été son camarade en province, vint un jour chez lui pour solliciter quelque secours. Comme, dans son piteux accoutrement, il n'osoit se présenter lui-même, Baron se chargea de sa supplique. *Il est vrai*, dit Molière, *que nous avons joué la comédie ensemble : c'est un fort honnête homme, et je suis fâché que ses petites affaires soient en si mauvais état. Que croyez-vous que je doive lui donner?* Quatre pistoles, répondit en hésitant Baron. *Je vais lui donner quatre pistoles pour moi*, répliqua Molière; *en voilà vingt que*

vous lui donnerez pour vous. Il se fait présenter Mondorge, l'accueille affectueusement, et joint au don de
l'argent celui d'un magnifique habit de théâtre, dont il
prétend n'avoir plus besoin.

Rien ne pourroit être plus intéressant que de connoître avec vérité, avec précision, avec détail, la manière
d'être dans le monde et les habitudes privées, d'un homme
tel que Molière. Mais il ne nous a été transmis qu'un
petit nombre de renseignemens vagues, peu caractéris-
tiques, et, ce qui est pis encore, suspects d'exagération
ou d'infidélité. Je vais essayer de rassembler le peu de
traits dignes de confiance qui se trouvent épars dans
les divers écrits du temps, et d'en former une esquisse
qui, si elle n'offre pas la ressemblance achevée du modèle, ne présente du moins rien qui s'en écarte.

Molière n'avoit pas, il s'en faut, cette gaieté de tempérament qui brille sur le visage, et éclate dans les discours de celui dont elle est l'heureux partage. L'observation, quel qu'en soit l'objet, est toujours sérieuse,
quand elle est profonde; et elle peut devenir triste, quand
c'est à l'homme ou à la société qu'elle s'applique. Celui
qui fit tant rire, ne rioit que fort rarement et d'un rire
plus que modéré. De même, il réfléchissoit trop pour
parler beaucoup [1]; et son esprit étoit trop grave pour

---

[1] Pour Molière, parler peu dans le monde, n'étoit pas seulement un effet
du caractère et du tour d'esprit; c'étoit aussi une chose de régime. Sa poitrine fut toujours très-foible, et il avoit besoin de la ménager pour pouvoir
fournir à l'exercice de sa profession de comédien. Il devoit redouter également les gens qui parlent quatre ou cinq à la fois, et ceux qui parlent trop

s'évaporer en saillies [1]. Il semble s'être peint lui-même dans ce personnage de Damon, qui, invité à souper comme bel-esprit, trompe par son silence une demi-douzaine de personnes qui attendoient de lui force bons mots et impromptus, et croyoient qu'il ne devoit *deman-der à boire qu'avec une pointe* [2]. On a dit une semblable chose de La Fontaine. Le trait, en effet, leur convient à tous deux; mais leur taciturnité n'avoit ni le même caractère, ni le même principe. La Fontaine, rêveur, préoccupé, distrait, habitoit, en esprit, le monde créé par son imagination: il songeoit toujours à ses fables, à moins qu'il ne lui arrivât de ne songer à rien. Molière, dans la société, étoit sur le terrain même de ses études : quand sa langue étoit muette, son œil n'en étoit que plus occupé, et son oreille plus attentive. Un de ses contem-

---

haut. Un jour, il s'engagea dans une dispute avec l'avocat Fourcroy, dont les poumons étoient d'une capacité et d'une force peu communes. Exténué des efforts qu'il avoit faits inutilement pour se faire entendre, il se tourna vers Boileau, et lui dit : *Qu'est-ce que la raison avec un filet de voix contre une gueule comme celle-là ?*

(1) Il est peu de grands écrivains dont on ait retenu moins de mots sentencieux ou plaisans. En voici deux seulement que la tradition nous a conservés. *Le mépris,* disoit-il, *est une pilule qu'on peut bien avaler, mais qu'on ne peut guère mâcher sans faire la grimace.* Lorsqu'il éprouvoit tant de contrariétés et essuyoit tant d'injures au sujet de *Tartuffe,* quelqu'un lui demandoit de quoi il s'avisoit aussi de faire des sermons. *Pourquoi,* répondit-il, *sera-t-il permis au père Maimbourg de faire des comédies en chaire, et qu'il me sera défendu de faire des sermons sur le théâtre ?*

(2) Voir *la Critique de l'École des Femmes,* t. III, p. 188 de cette édition.

porains nous le montre écoutant les discours de toutes
les personnes que le hasard lui fait rencontrer. « Il sem-
« bloit, dit-il, par le mouvement de ses yeux, qu'il re-
« gardoit jusques au fond de leurs ames pour y voir ce
« qu'elles ne disoient pas. » Il le représente aussi toujours
muni de tablettes sur lesquelles il notoit à la dérobée
les paroles, les gestes même qui peignoient, qui trahis-
soient un vice, une passion ou un ridicule [1]. Un autre
assure que ces tablettes lui servoient aussi à recueillir les
traits sans nombre que les gens de qualité venoient à
l'envi lui fournir contre leurs pareils, et quelquefois
contre eux-mêmes [2]. Molière, à l'entendre, n'auroit
guère travaillé que d'après leurs mémoires. C'est le propos d'un ennemi. Molière avoit-il si fort besoin qu'on
lui indiquât des ridicules? Il savoit assez bien les apercevoir lui-même, et il les voyoit mieux sans doute par
ses propres yeux que par ceux d'autrui. Si je ne me
trompe, il y avoit plus d'importunité pour lui que d'u-
tilité dans ces révélations qu'on dit avoir été si fréquen-
tes, et il faisoit peut-être moins son profit des ridicules
qui lui étoient dénoncés par ces officieux courtisans, que
de ceux qu'ils venoient étaler eux-mêmes à cette occasion.

Molière apercevoit, d'un coup-d'œil prompt, sûr et

---

(1) Ces détails sont tirés de la comédie de *Zélinde*, du comédien de
Villiers, que quelques uns ont faussement attribuée à de Visé. Voir *la Critique de l'École des Femmes*, t. III, p. 188 et 189 de cette édition.

(2) *Nouvelles nouvelles*, troisième partie, p. 224 et suivantes.

pénétrant, le principe secret des mouvemens de l'homme les plus indéterminés et en apparence les plus indifférens. Le naturel que cachent les voiles redoublés de la dissimulation, ou que déguisent les dehors uniformes de la politesse, n'avoit pas pour lui plus de mystères que celui qui se manifeste dans le naïf abandon de la candeur, ou qui se montre à nu dans l'ingénuité cynique de la grossièreté. Nul genre d'action, nulle classe d'hommes n'échappoit à ses regards ou ne lui en paroissoit indigne. Tout, enfin, étoit pour lui fertile en observations morales, et de tout il tiroit des résultats philosophiques. Un jour, il fait l'aumône à un pauvre. Un instant après, ce pauvre court après lui, et lui dit : *Monsieur, vous n'aviez peut-être pas dessein de me donner un louis d'or ; je viens vous le rendre. Tiens, mon ami,* lui dit Molière, *en voilà un autre ;* et il s'écrie : *Où la vertu va-t-elle se nicher ?* Cette exclamation fameuse n'est pas celle d'un riche insolemment surpris de rencontrer quelque délicatesse sous les haillons de la misère ; c'est celle d'un philosophe humain qui sent profondément combien la probité, devoir facile pour l'homme opulent, quand elle ne lui commande pas de trop grands sacrifices, est une vertu pénible et méritoire dans l'homme indigent, qui toujours lui immole ses propres besoins et ceux de sa famille.

Observateur exact et peintre fidèle de la nature, Molière aimoit à éprouver l'effet de ses tableaux sur ceux en qui l'âge ou l'éducation n'avoit point altéré la vivacité et la justesse des impressions. Quand il lisoit une pièce

aux comédiens, il vouloit qu'ils y amenassent leurs enfans : des mouvemens libres et ingénus de ces petits
auditeurs, il recevoit des avertissemens plus sûrs que
tous les conseils de l'expérience et de la maturité. De
même, il lisoit quelquefois ses comédies à une vieille
servante qu'il avoit, nommée La Forêt, et il disoit à Boileau, en la lui montrant, que, lorsque des endroits de
plaisanterie ne l'avoient point frappée, il les corrigeoit,
parce qu'il avoit plusieurs fois éprouvé sur son théâtre
que ces endroits n'y réussissoient point. C'est Boileau lui-
même qui nous le redit en ces termes [1] ; et un commentateur de ce poëte [2] ajoute que Molière, un jour,
ayant lu à cette servante, pour éprouver son goût,
quelques scènes d'une pièce qu'il disoit être de lui, mais
qui étoit du comédien Brécourt, elle ne prit point le
change, et soutint que son maître n'avoit pas fait cette
pièce.

Excellent maître, Molière étoit pourtant, à ce qu'on
assure, un maître fort difficile [3]. Il vouloit que ses do-

---

(1) *Remarques critiques sur quelques passages de Longin*, Réflexion
première.

(2) Brossette.

(3) A ce sujet, Grimarest raconte, avec sa grace accoutumée, l'impatience que causa un jour à Molière la maladresse ou plutôt la stupidité
d'un valet qui, plusieurs fois de suite, lui mit un de ses bas à l'envers, et
qui ne pouvoit jamais concevoir pourquoi il n'étoit pas à l'endroit. Grimarest fut assez à plaindre pour ignorer *le nom, la famille et le pays* de ce
valet ; mais un autre eut la joie d'apprendre qu'il se nommoit *Provençal*,
qu'il devint un habile mécanicien, et qu'il fit fortune dans les affaires : il
est vrai qu'il ne put parvenir à savoir quel nouveau nom Provençal avoit

mestiques sussent interpréter son geste et comprendre son silence même. Il exigeoit qu'autour de lui tout offrît l'apparence de l'ordre le plus exact et le plus minutieux; et la bonne La Forêt elle-même n'étoit pas à l'abri des marques de son impatience, quand quelque meuble, quelque livre, quelque papier ne se trouvoit pas à sa place.

En tout, ses habitudes se sentoient d'un certain goût pour la magnificence, l'apparat et la représentation. Ayant un revenu annuel de près de trente mille francs, somme considérable pour le temps [1], il usoit libéralement de son bien. Recherché par beaucoup d'hommes de naissance ou de fortune, tous les repas qu'il recevoit d'eux, il tenoit à les leur rendre. Il faisoit accepter d'assez fortes sommes d'argent aux jeunes auteurs que la nature avoit mieux traités que la fortune : Racine en est un exemple. Fort charitable envers les pauvres, il ne leur faisoit pas des aumônes ordinaires; et il n'est pas sûr qu'il se fût trompé en donnant un louis d'or à ce mendiant qui vint le lui rendre.

Il avoit aussi du goût pour le commandement, et sa gravité habituelle l'y rendoit propre. Les soucis, les dégoûts attachés aux fonctions de chef d'une troupe de co-

---

pris en changeant d'état. La postérité ne sera heureuse qu'à demi. A Dieu ne plaise que je méprise les recherches; mais il y a un point où il est bien ridicule de les pousser, et où il est bien plus ridicule encore d'en être fier.

(1) Le marc d'argent, qui valoit alors moins de trente francs, en vaut maintenant cinquante-quatre. Ainsi, trente mille francs de revenu du temps de Molière, répondoient à plus de cinquante-quatre mille francs d'aujourd'hui.

médiens, sembloient être compensés pour lui par le plaisir d'avoir dans sa dépendance et de gouverner à son gré un certain nombre de personnes. Il aimoit encore à paroître et à parler en public, non-seulement comme acteur, mais encore comme orateur de sa troupe. On a été jusqu'à dire qu'il n'en laissoit pas échapper le moindre sujet, et que la mort d'un simple gagiste étoit pour lui une suffisante occasion de harangue. On conçoit qu'il se plût à ce genre d'exercice, car il y réussissoit fort. Boileau, voulant vanter un discours de Baron, dit : « Il est « dans le goût des complimens de Molière, c'est-à-dire « que la satire y est adroitement mêlée à la flatterie, afin « que l'une fasse passer l'autre [1]. » Six ans avant sa mort, la foiblesse toujours croissante de sa poitrine le contraignit, à son grand regret, de se faire remplacer dans cet emploi d'orateur par le comédien La Grange [2].

L'ame de Molière sembloit être au niveau de son génie : il n'y en eut pas une plus droite, une plus élevée, une plus généreuse. La contemplation habituelle des

---

(1) *Lettres familières de MM. Despréaux et Brossette*, t. III, p. 106.

(2) Charles VARLET, sieur DE LA GRANGE, né à Amiens, mort à Paris en 1692. Il étoit fort bon comédien, et il joua d'original tous les premiers rôles des pièces de Molière, qui estimoit beaucoup son talent, comme le prouve ce mot de *l'Impromptu de Versailles* (t. III, p. 274 de cette édition) : « Pour vous, je n'ai rien à vous dire. » Il étoit, sous un autre rapport, très-utile à la troupe, dont il géroit les affaires avec probité, et tenoit les registres avec exactitude. En 1682, il donna, avec Vinot, ami de Molière, la première édition complète des OEuvres de ce grand poëte. La veuve de Molière lui avoit confié, pour ce travail, tous les manuscrits de son mari : on ne sait ce qu'ils sont devenus, ni si l'on a fait une grande perte.

vices et des travers de l'humanité ne lui avoit fait ni haïr
ni mépriser les hommes : il croyoit à leurs vertus, voyoit
avec indulgence leurs foiblesses, avec joie leur bonheur,
avec compassion leur misère. Ses manières répondoient
à la noblesse de son ame et à la supériorité de son esprit. «Civil et honorable en toutes ses actions, modeste
« à recevoir les éloges, savant sans le vouloir paroître,
« et d'une conversation si douce et si aisée, que les pre-
« miers de la cour et de la ville étoient ravis de l'entre-
« tenir, il possédoit toutes les qualités qui font l'honnête
« homme (1). » Ce témoignage d'un contemporain est con-
firmé par tous les autres. Ses mœurs, sans avoir été entièrement irréprochables, furent celles d'un homme de
bien, qu'une complexion amoureuse et une grande ten-
dresse de cœur peuvent avoir engagé dans quelques
liaisons répréhensibles, mais qui ne tarde pas à se les
reprocher, forme le vœu de s'en affranchir, et ne diffé-
reroit pas tant à les rompre, s'il devoit seul souffrir de
ce sacrifice.

Le satirique Guy Patin fait plus qu'élever des doutes
sur les sentimens religieux de Molière : c'est un genre
d'imputation auquel il fut exposé lui-même, injustement
peut-être, et qu'en tout cas il auroit dû épargner aux
autres. Parlant d'Hesnault, l'auteur du sonnet de l'Avorton, «Il voit souvent, dit-il, deux hommes qui ne sont
« pas plus chargés d'articles de foi que lui, savoir Cha-
« pelle et Molière. » Cependant nous le verrons, à l'article

_____

(1) *Le Théâtre françois* (par Chappuzeau, p. 197 et 198).

de la mort, demander avec instance les secours de la religion, et nous apprenons, par la requête de sa femme, au sujet de sa sépulture, qu'aux Pâques qui précédèrent sa mort, il avoit reçu la communion d'un prêtre qui est nommé et comme appelé en témoignage du fait. Il doit nous être doux de penser que celui qui mit dans la bouche de Cléante un si admirable portrait de la véritable piété, n'eut pas le malheur de repousser les vérités qu'elle enseigne à croire. Espérons du moins que le créateur de tous les êtres ne fut point méconnu par l'homme de génie, homme de bien, qui fut un de ses plus beaux ouvrages.

Le portrait de la personne de Molière nous a été tracé dans les termes suivants par la femme du grand comédien Poisson, bonne comédienne elle-même, qui l'avoit connu dans sa jeunesse, et avoit joué d'original dans une de ses pièces [1]. « Il n'étoit ni trop gras ni trop mai- « gre. Il avoit la taille plus grande que petite, le port « noble, la jambe belle. Il marchoit gravement, avoit « l'air très-sérieux, le nez gros, la bouche grande, les « lèvres épaisses, le teint brun, les sourcils noirs et forts; « et les divers mouvemens qu'il leur donnoit, lui ren- « doient la physionomie extrêmement comique. » Il faut ajouter à ces détails, qu'une espèce de hoquet, qu'il avoit contracté en voulant modérer l'excessive volubilité de sa voix, rendoit son jeu dans la comédie plus plai- sant, mais aussi le rendoit ridicule dans la tragédie, que

---

[1] *Psyché.* Elle y jouoit le rôle d'une des Graces.

malheureusement il aimoit à jouer. Cette prédilection pour le genre où il réussissoit le moins, fut cause que Mignard, son ami, le peignit plus d'une fois sous l'habit romain, dans les rôles de César ou d'Auguste [1].

Il avoit été de bonne heure incommodé d'une fluxion sur la poitrine avec crachement de sang. Une vie douce et régulière, un exercice modéré de l'esprit, et surtout une grande tranquillité d'ame, auroient pu arrêter le mal dans sa naissance, ou du moins en rendre les progrès beaucoup moins rapides. Mais étoit-il en son pouvoir de ralentir l'activité de son génie, de tempérer son ardeur pour la gloire, et de calmer cette autre passion qui fit le tourment d'une vie dont elle auroit pu faire les délices? Il consentit bien à ne vivre que de lait et à s'abstenir des sociétés que formoit l'amour du vin et de la bonne chère; mais ce n'étoient pas là les plus utiles privations qu'il pût s'imposer. Il continuoit de composer, ne vouloit point renoncer à jouer la comédie, et se montroit toujours plus épris des agrémens de sa femme, quoiqu'il souffrît chaque jour davantage de son indifférence et de sa légèreté. Dix mois avant sa mort, il s'étoit rapproché d'elle; et, pour que tout leur fût commun, même le service de la table, il avoit discontinué l'usage du lait et repris celui de la viande. Ce changement de régime,

---

(1) C'est une copie d'un de ces portraits, placée dans le foyer des acteurs de la Comédie françoise, qui a fait dire ingénieusement, mais faussement, à Chamfort, en commençant son *Éloge de Molière :* « Je n'imiterai pas les « comédiens françois, qui ont fait peindre Molière sous l'habit d'Auguste. » Les comédiens en sont innocens.

et plus encore peut-être le rapprochement qui l'avoit causé, lui devinrent funestes : l'irritation de sa poitrine étoit au comble. Dans ce misérable état, il eut la visite de Boileau ; et, comme si le sentiment de sa fin prochaine lui eût rendu la présence de ses amis plus chère, il le reçut plus affectueusement que de coutume. Boileau, touché de sa situation et encouragé par son accueil, le pressa vivement de renoncer à l'action théâtrale [1]. *Ah! que me dites-vous là ?* s'écria-t-il ; *il y a un honneur pour moi à ne point quitter.* « Plaisant point d'honneur, dit en « soi-même le satirique, de se noircir tous les jours le « visage pour se faire une moustache de Sganarelle, et « de dévouer son dos à toutes les bastonnades de la co- « médie ! » Boileau, en ce moment, ne comprit pas Molière. Ce *point d'honneur* dont il vouloit parler, étoit le dévouement tout paternel qui lui commandoit d'achever la ruine de sa santé, et d'avancer le terme de ses jours pour soutenir jusqu'au bout des comédiens et des gagistes. Il prouva trop bien qu'il l'entendoit ainsi. Le jour

---

(1) Monchesnay, dans le *Bolœana* dont il est l'éditeur, rapporte ainsi le discours de Boileau à Molière : « Mon pauvre monsieur Molière, vous « voilà dans un pitoyable état. La contention continuelle de votre esprit, « l'agitation continuelle de vos poumons sur votre théâtre, tout enfin de- « vroit vous déterminer à renoncer à la représentation. N'y a-t-il que vous « dans la troupe, qui puissiez exécuter les premiers rôles ? Contentez-vous « de composer, et laissez l'action théâtrale à quelqu'un de vos camarades ; « cela vous fera plus d'honneur dans le public, qui regardera vos acteurs « comme vos gagistes ; et vos acteurs, d'ailleurs, qui ne sont pas des plus « soumis avec vous, sentiront mieux votre supériorité. »

de la quatrième représentation du *Malade imaginaire*, il souffroit de la poitrine plus qu'à l'ordinaire. On voulut lui persuader de ne pas jouer : c'étoit lui proposer de faire relâche ce jour-là. *Eh! que feront*, dit-il, *tant de pauvres ouvriers qui n'ont que leur journée pour vivre? Je me reprocherois d'avoir négligé de leur donner du pain un seul jour, le pouvant faire absolument.* Tout ce qu'il demanda, ce fut que le spectacle commençât à quatre heures précises. Il joua; et, dans le divertissement de la pièce, au moment où il prononçoit le mot *Juro*, il lui prit une convulsion qu'il essaya vainement de cacher sous un ris forcé. On le transporta chez lui [1]. Il demanda plusieurs fois les sacremens. Deux prêtres ayant successivement refusé de venir, son beau-frère alla lui-même en chercher un troisième. Quand il arriva, il n'étoit plus temps; Molière venoit d'expirer. Deux de ces religieuses qui venoient quêter à Paris pendant le carême, étoient alors dans sa maison, où il leur donnoit un asile [2]. Ces charitables filles lui avoient donné de

---

(1) Il demeuroit alors dans une maison située rue de Richelieu, près de l'Académie des peintres, en face de la fontaine qui est au coin de la rue Traversière et de la rue de Richelieu : c'est, à ce qu'on croit, la maison qui porte aujourd'hui le numéro 34.

Molière avoit demeuré précédemment, 1° rue Saint-Honoré, vis-à-vis le Palais royal, sur la paroisse Saint-Germain-l'Auxerrois; 2° même rue Saint-Honoré, mais sur la paroisse Saint-Eustache, et par conséquent dans la partie orientale de cette rue; et 3° rue Saint-Thomas-du-Louvre. Ces différens domiciles sont constatés par des actes dont M. Beffara a fait la découverte.

(2) M. Vafflard, peintre fort distingué, a fait, de cette scène triste et

leur mieux les secours de l'ame et du corps ; et c'est entre leurs bras qu'il étoit mort, étouffé par le sang qui sortoit à grands flots de sa bouche. Ce fut le vendredi 17 février 1673, à dix heures du soir, une heure au plus après avoir quitté le théâtre, qu'il rendit le dernier soupir, âgé seulement de cinquante-un ans, un mois et deux ou trois jours [1].

Comme il étoit mort sans avoir pu se réconcilier avec l'Église, le curé de Saint-Eustache, sa paroisse, lui refusa la sépulture ecclésiastique. *Quoi!* s'écrioit sa veuve, *on lui refuse ici la sépulture! En Grèce, on lui eût élevé des autels.* Elle adressa, le 20 février, une requête à

---

touchante, le sujet d'un tableau qui eut un grand succès, et dont la gravure, bien exécutée par M. Migneret, orne le cabinet de tous ceux qui sont particulièrement voués au culte de Molière.

(1) Voici de quelle manière La Grange, témoin sans doute de la mort de Molière, consigne cet événement dans le Registre qu'il tenoit jour par jour :

« Ce même jour (vendredi 17 février 1675), après la comédie, sur les dix « heures du soir, M. de Molière mourut dans sa maison, rue de Richelieu, « ayant joué le rôle du malade imaginaire, fort incommodé d'un rhume et « d'une fluxion sur la poitrine qui lui causoit une grande toux ; de sorte « que, dans les grands efforts qu'il fit pour cracher, il se rompit une veine « dans le corps, et ne vécut pas demi-heure ou trois quarts d'heure depuis « ladite veine rompue ; et son corps est enterré à Saint-Joseph, aide de la « paroisse Saint-Eustache.

« Dans le désordre où la troupe se trouva après cette perte irréparable, « le roi eut dessein de joindre les acteurs qui la composoient aux comédiens « de l'Hôtel de Bourgogne. Cependant, après avoir été, le dimanche 19 et « le mardi 21, sans jouer, en attendant les ordres du roi, on recommença « le vendredi 24 février, etc. »

l'archevêque de Paris (1), qui d'abord ne jugea point à

---

(1) Je transcris ici le texte même de cette requête, dont l'original est dans le cabinet de M. le comte François de Neufchâteau, qui a bien voulu m'en donner une copie de sa main. Je me garderai bien de figurer l'orthographe surannée et vicieuse de cette pièce : on ne prend un tel soin que pour les écrits qui sont des monumens du langage.

Du 20 février 1673.

A monseigneur l'illustrissime et révérendissime archevêque de Paris.

Supplie humblement Élisabeth-Claire-Gresinde-Béjart, veuve de feu Jean-Baptiste Poquelin de Molière, vivant valet-de-chambre et tapissier du roi, et l'un des comédiens de sa troupe, et, en son absence, Jean Aubry, son beau-frère ; disant que, vendredi dernier, dix-septième du présent mois de février mil six cent soixante-treize, sur les neuf heures du soir, ledit feu sieur de Molière s'étant trouvé mal de la maladie dont il décéda environ une heure après , il voulut dans le moment témoigner des marques de repentir de ses fautes et mourir en bon chrétien ; à l'effet de quoi, avec instances il demanda un prêtre pour recevoir les sacremens , et envoya par plusieurs fois son valet et servante à Saint-Eustache , sa paroisse, lesquels s'adressèrent à MM. Lenfant et Lechat, deux prêtres habitués en ladite paroisse, qui refusèrent plusieurs fois de venir ; ce qui obligea le sieur Jean Aubry d'y aller lui-même pour en faire venir ; et de fait fit lever le nommé Paysant, aussi prêtre habitué audit lieu ; et, comme toutes ces allées et venues tardèrent plus d'une heure et demie, pendant lequel temps ledit feu Molière décéda, et ledit sieur Paysant arriva comme il venoit d'expirer : et, comme ledit sieur Molière est décédé sans avoir reçu le sacrement de confession dans un temps où il venoit de jouer la comédie, monsieur le curé de Saint-Eustache lui refuse la sépulture , ce qui oblige la suppliante vous présenter la présente requête pour lui être sur ce pourvu.

Ce considéré, monseigneur , et attendu ce que dessus, et que ledit défunt a demandé auparavant que de mourir un prêtre pour être confessé, qu'il est mort dans le sentiment d'un bon chrétien, ainsi qu'il a témoigné en présence de deux dames religieuses, demeurant en la même maison, d'un gentilhomme nommé M. Conton, entre les bras de qui il est mort, et de plusieurs autres personnes ; et que M. Bernard , prêtre habitué en l'église propos d'y faire droit [1]. Elle alla sur-le-champ à Versailles se jeter aux pieds du roi, accompagnée du curé

Saint-Germain, lui a administré les sacremens à Pâques dernier ; il vous plaise, de grace spéciale, accorder à ladite suppliante, que sondit feu mari soit inhumé et enterré dans ladite église Saint-Eustache, sa paroisse, dans les voies ordinaires et accoutumées ; et ladite suppliante continuera les prières à Dieu pour votre prospérité et santé ; et ont signé. Ainsi signé : Le Vasseur et Aubry, avec paraphe.

Et au-dessous est écrit ce qui ensuit :

Renvoyé au sieur abbé de Benjamin, notre official, pour informer des faits contenus en la présente requête ; pour, information à nous rapportée, être enfin ordonné ce que de raison. Fait à Paris, dans notre palais archi-épiscopal, le vingtième février mil six cent soixante-treize.

Extrait des registres de l'Archevêché de Paris.

Vu ladite requête, ayant aucunement égard aux preuves résultantes de l'enquête faite par mon ordonnance, nous avons permis au sieur curé de Saint-Eustache de donner la sépulture ecclésiastique au corps de défunt Molière dans le cimetière de la paroisse, à condition néanmoins que ce sera sans aucune pompe, et avec deux prêtres seulement, et hors des heures du jour, et qu'il ne se fera aucun service solennel pour lui, ni dans ladite paroisse Saint-Eustache, ni ailleurs, même dans aucune église des réguliers ; et que notre présente permission sera sans préjudice aux règles du rituel de notre église, que nous voulons être observées selon leur forme et teneur. Donné à Paris, ce vingtième février mil six cent soixante-treize. Ainsi signé : Archevêque de Paris ; et au-dessous : par Monseigneur, Morange, avec paraphe.

Collationné en son original en papier, ce fait rendu par les notaires au Châtelet de Paris, soussignés, le vingt-unième mars mil six cent soixante-treize.

Le Vasseur.

(1) Quelque peu de malignité qu'on ait, et quelque crainte qu'on puisse avoir de causer du scandale, il est bien difficile de ne pas rappeler que cet archevêque de Paris, Harlay de Champvallon, qui refusoit la sépulture à Molière, parce qu'il étoit mort presque sur le théâtre, mourut lui-même su-

d'Auteuil, qui devoit rendre témoignage des bonnes mœurs du défunt. Elle eut l'imprudence de dire au roi que, si son mari étoit criminel, ses crimes avoient été autorisés par Sa Majesté elle-même; et le curé, plus occupé de ses propres intérêts que de l'objet de sa démarche, crut devoir profiter de l'occasion pour se justifier d'une accusation de jansénisme dont il croyoit qu'on l'avoit chargé auprès du roi. Ce contre-temps acheva de tout gâter [1]. Le roi les congédia assez brusquement l'un et l'autre, et renvoya la veuve à l'archevêque de Paris; mais en même temps il écrivit au prélat pour qu'il eût à faire cesser ce pieux scandale [2], et Molière fut enterré au cimetière Saint-Joseph. Le jour de ses obsèques (21 février), le peuple se rassembla en tumulte devant sa maison. Sa veuve, effrayée, jeta de l'argent par les fenêtres; et cette multitude, qui étoit peut-être venue pour in-

---

bitement, presque dans les bras d'une de ses maîtresses, et que tous les honneurs accoutumés furent rendus à sa cendre, même l'oraison funèbre, quoique, d'abord, la chose eût paru un peu difficile. On sait qu'il étoit fort beau. Un jour qu'il étoit au milieu d'un cercle de jolies femmes, quelqu'un survint, qui, le voyant ainsi entouré, lui dit :

Formosi pecoris custos. — Formosior ipse,

dit, en achevant le vers de Virgile, une femme dont on ne soupçonnoit pas l'érudition. Du reste, il avoit une rare éloquence et une grande capacité pour les affaires.

(1) Voir *les Récréations littéraires*, de Cizeron-Rival, p. 23 et 24.

(2) On a prétendu que, sur ce refus d'inhumer Molière, Louis XIV avoit demandé jusqu'à quelle profondeur la terre étoit sainte. *Jusqu'à quatre pieds*, lui répondit-on. *Eh bien! qu'on l'enterre à cinq.* L'anecdote est fort suspecte.

sulter son cadavre, se retira paisiblement en faisant des
prières pour son ame (¹). Les pieux empressemens de l'a-
mitié suppléèrent aux pompes religieuses. Deux cents
personnes, ayant chacune un flambeau à la main, suivirent le corps, que deux prêtres seulement conduisoient
de nuit et en silence, selon les ordres de l'archevêque. Les
libelles calomnieux avoient poursuivi Molière pendant
sa vie : les épitaphes louangeuses furent entassées sur sa
tombe (²). L'auteur d'une de ces pièces, et des plus mauvaises, eut la malencontreuse idée d'aller l'offrir au grand
Condé (³). *Plût à Dieu*, lui dit un peu durement le héros,

---

(1) « Comme il passoit dans la rue Montmartre, dit Grimarest, on demanda
« à une femme qui étoit celui qu'on portoit en terre. *Hé ! c'est ce Molière*,
« répondit-elle. Une autre femme, qui étoit à sa fenêtre et qui l'entendit, s'é-
« cria : *Comment ! malheureuse, il est bien monsieur pour toi.* »

(2) La meilleure est, sans contredit, celle-ci, dont La Fontaine est
auteur :

> Sous ce tombeau gisent Plaute et Térence ;
> Et cependant le seul Molière y gît.
> Leurs trois talens ne formoient qu'un esprit,
> Dont le bel art réjouissoit la France.
> Ils sont partis, et j'ai peu d'espérance
> De les revoir. Malgré tous nos efforts,
> Pour un long temps, selon toute apparence,
> Térence et Plaute et Molière sont morts.

(3) Le grand Condé avoit la plus grande estime pour Molière, et se
plaisoit infiniment dans son entretien. Grimarest (*Réponse à la Critique de
la Vie de M. de Molière*) prétend tenir de gens qui l'ont entendu, qu'un
jour le prince dit à Molière : *Je vous fais venir peut-être trop souvent, je
crains de vous distraire de votre travail; ainsi je ne vous renverrai plus
chercher; mais je vous prie, à toutes vos heures vides, de me venir trouver : faites-vous annoncer par un valet-de-chambre, je quitterai tout pour*

que celui dont tu me présentes l'épitaphe, fût en état de me présenter la tienne!

La douleur un peu fastueuse, un peu théâtrale de madame Molière, fut-elle une douleur sincère? il est permis d'en douter. En tout cas, elle ne fut pas durable, ou celle qui l'éprouvoit sut bien la maîtriser; car elle joua, dit-on, la comédie treize jours après la mort de son mari [1]. Après quatre ans de veuvage, elle se remaria à un obscur comédien, nommé Guérin d'Estriché. Madame Molière, tant qu'elle fut honorée de ce nom, dont elle étoit assez peu digne, a dû trouver place en mon récit; mais je n'ai rien à dire de madame Guérin : le reste de sa vie n'a droit qu'à mon silence [2].

être avec vous. Lorsque Molière venoit, le prince congédioit tous ceux qui étoient avec lui, et il étoit souvent des trois et quatre heures avec Molière. On a entendu ce grand prince, en sortant de ces conversations, dire publiquement : *Je ne m'ennuie jamais avec Molière; c'est un homme qui fournit de tout : son érudition et son jugement ne s'épuisent jamais.* Voltaire, dans sa *Vie de Molière,* rapporte les mêmes choses en beaucoup moins de paroles. « Le grand Condé, dit-il, exigeoit de Molière qu'il le « vînt voir souvent, et disoit qu'il trouvoit toujours à apprendre dans sa « conversation. »

(1) Voir les *Lettres de Bussy-Rabutin,* tome IV, pages 36 et 38. Treize jours étoient sans doute un deuil fort court; mais il est juste de dire qu'à cet égard, les usages du théâtre n'étoient point alors ce qu'ils sont devenus depuis. Les douleurs les plus légitimes suivant la nature et la société, n'obtenoient point alors, pour se calmer, la moitié du temps qu'on accorde aujourd'hui aux afflictions mêmes que le respect humain devroit peut-être empêcher de montrer.

(2) Je crois devoir cependant raconter, en abrégé, une aventure assez extraordinaire, dans laquelle la veuve de Molière se trouva compromise

La troupe de Molière avoit tout perdu. Ses regrets égalèrent sa perte. Le théâtre fut fermé pendant une semaine entière [1]. Avant la rentrée de Pâques, quatre des principaux sujets de cette troupe s'engagèrent dans celle de l'Hôtel de Bourgogne, et Lulli se fit accorder la

---

avant de devenir madame Guérin. Un président au parlement de Grenoble, nommé Lescot, qui étoit fort épris d'elle, seulement pour l'avoir vue au théâtre, s'adressa, pour la voir de plus près, à la Ledoux, une de ces femmes qui font métier de s'entremettre dans ces sortes d'affaires. Elle connoissoit une fille, nommée La Tourelle, qui ressembloit beaucoup à madame Molière. Après avoir feint une négociation plus ou moins longue et difficile, elle reçut chez elle l'amoureux président et la prétendue comédienne. Ils eurent plusieurs entrevues de suite dans cette honnête maison. Un jour La Tourelle manqua au rendez-vous. Le président, inquiet, alla au théâtre. Après avoir essayé inutilement de plusieurs moyens discrets pour se faire remarquer de madame Molière, il l'aborda, laissa d'abord échapper quelques reproches timides, et, comme on refusoit de le reconnoître, finit par éclater en propos injurieux, et même par se porter à certaines voies de fait. Madame Molière appela à son secours, et le président fut arrêté. La ruse alors fut découverte, et l'on se mit à la recherche des deux friponnes, qui furent bientôt prises. Le président fut condamné a faire une réparation verbale à la comédienne outragée; et les deux femmes le furent à être fouettées nues devant la principale porte du Châtelet et devant la maison de madame Molière. L'arrêt est du mois d'octobre 1675. Thomas Corneille fit allusion à cette aventure dans la scène VI du IIIe acte de sa comédie de *l'Inconnu*.

(1) Ce n'est pas tout-à-fait en signe de douleur, comme on pourroit le croire. L'extrait du registre de La Grange, cité page 162, note 2, prouve que cette clôture du théâtre tint aussi à d'autres causes, telles que *le désordre* où se trouvoit la troupe, et *l'attente des ordres du roi*, qui avoit pensé un moment à fondre les deux troupes du Palais royal et de l'Hôtel de Bourgogne, projet qu'il exécuta plus tard. Comme on ne jouoit que trois fois par semaine, les représentations du dimanche 19 et du mardi 21 furent les seules que perdit la troupe.

salle du Palais royal, pour y faire représenter ses opéras. Privés de leur chef, de leur théâtre et de leurs meilleurs acteurs, les comédiens du 10i proposèrent à ceux de l'Hôtel de Bourgogne de se réunir à eux, et ils furent durement refusés. Ils achetèrent alors le théâtre de la rue Mazarine, que le marquis de Sourdéac avoit fait construire, pour y faire jouer des pièces en musique et à machines. Sur ces entrefaites, le roi déclara qu'il vouloit qu'il n'y eût plus à Paris que deux troupes de comédiens françois, l'une au théâtre de l'Hôtel de Bourgogne, et l'autre au théâtre de la rue Mazarine. En conséquence, une troupe fut formée de l'élite de la troupe du Marais et des débris de celle de Molière. Sept ans après, le roi, jugeant qu'une seule troupe suffiroit pour le service de la ville et de la cour, ordonna que les comédiens de l'Hôtel de Bourgogne et ceux du théâtre de la rue Mazarine se réunissent dans ce dernier local; et cette réunion constitua la Comédie françoise que nous voyons encore subsister aujourd'hui [1].

---

(1) Le théâtre de l'Hôtel de Bourgogne étoit situé rue Mauconseil, à l'endroit où est maintenant la halle aux cuirs. Après le départ des comédiens françois, la salle fut occupée par les comédiens italiens jusqu'en 1697, époque où leur théâtre fut fermé par ordre du roi. Ils y furent rétablis, en 1716, par le régent, et ils la quittèrent, en 1783, pour occuper celle qu'on avoit construite pour eux sur l'emplacement de l'hôtel de Choiseul, et qui s'appelle aujourd'hui salle Favart.

Le théâtre de la rue Mazarine étoit situé en face de la rue Guénégaud.

La troupe du Marais occupoit une maison, appelée l'hôtel d'Argent, qui étoit située au coin de la rue de la Poterie, près de la place de Grève.

GÉNÉALOGIE DE MOLIÈRE.

Jean Poquelin I, marchand tapissier, porteur de grains, rue de la Lingerie, marié, le 11 juillet 1594, avec Agnès Mazuel, mort le 14 avril 1626.

I.	II.	III.	IV.	V.	VI.	VII.	VIII.	IX.	X.
Jean II, né en 1595.	Pierre, baptisé le 13 mai 1596, marchand, rue de la Chanvrerie.	Jeanne, baptisée le 8 juin 1597, mariée, en janvier 1615, à Toussaint Perret ou Perrier, linger.	Marie, baptisée le 15 janvier 1599, mariée, en août 1618, à Marin Gamart, tailleur.	Nicolas, baptisé le 4 mars 1600, tapissier-valet-de-chambre du Roi, concierge-tapissier de monseigneur de Liancourt, marié à Jeanne Vasé.	Agnès, baptisée le 27 novembre 1601, mariée, en juillet 1625, à François Rozon, huissier au Châtelet.	Guillaume, baptisé le 21 avril 1603.	Martin, baptisé le 21 janvier 1616, marié, en juillet 1635, avec Marguerite Fleurette, mort le 16 octobre 1636.	Adrienne, baptisée le 29 mars 1609.	Louise, née 1603 à 1606, ou 1606 à 1609, mariée, en août 1626, avec Charles Duguet.

Jean Poquelin II, né en 1595, marchand tapissier, rue Saint-Honoré, de 1622 à 1635, marié, le 27 avril 1621, avec Marie Cressé, fille de Louis Cressé, marchand tapissier aux Halles, remarié, le 30 mai 1633, avec Catherine Fleurette, et mort le 27 février 1669.

Eut de Marie Cressé, morte le 11 mai 1632.

Et de Cath. Fleurette, morte le 12 nov. 1

I.	II.	III.	IV.	V.	VI.	VII.	VIII.	IX.	X.
Jean III (Molière), baptisé le 15 janvier 1622.	Loys, baptisé le 6 janvier 1623.	Jean, baptisé le 1ᵉʳ octobre 1624, marchand, bourgeois de Paris, marié, en septembre 1649, avec Anne Faverolle, mort le 8 septembre 1692.	Marie, baptisée le 10 août 1625, mariée, en janvier 1651, avec André Boudet, tapissier, morte le 18 mai 1665.	Nicolas, baptisé le 13 juillet 1627.	Marie, baptisée le 13 juin 1628.	Jean, né en 1629 ou 1630, tapissier-valet-de-chambre ordinaire du Roi, marié, en janvier 1656, avec Marie Maillart, mort le 6 avril 1660.	Robert, né en 1630, 31 ou 32, docteur en théologie de la maison et société de Navarre, doyen de la Faculté de Paris, mort en décembre 1714, ou janvier 1715.	Catherine, baptisée le 15 mars 1634.	Marguerite, baptisée le 15 novembre 1636.

Jean Poquelin III (Molière), baptisé le 15 janvier 1622, marié, le 20 février 1662, avec Armande-Gresinde-Claire-Élisabeth Béjart, mort le 17 février 1673.

I.	II.	III.
Louis, né le 19 janvier et baptisé le 28 février 1664, mort avant son père.	Esprit-Marie-Madelaine, baptisée le 4 août 1665, mariée, au plus tôt en 1685, avec Claude Rachel, écuyer, sieur de Montalant, morte à Argenteuil le 23 mai 1723.	Pierre-Jean-Baptiste-Armand, né le 15 septembre 1672, baptisé le 1ᵉʳ octobre de la même année, mort le 11 du même mois.

Tome I, page. LXXXIII.

www.ingramcontent.com/pod-product-compliance
Lightning Source LLC
Chambersburg PA
CBHW060804110426
42739CB00032BA/2742